走近毛江森

ZOUJIN MAOJIANGSEN

《走近毛江森》编委会 编著

浙江出版联合集团
浙江科学技术出版社

图书在版编目(CIP)数据

走近毛江森/《走近毛江森》编委会编著. — 杭州：浙江科学技术出版社，2019.1
ISBN 978-7-5341-8571-7

Ⅰ.①走… Ⅱ.①走… Ⅲ.①毛江森-传记 Ⅳ.①K826.2

中国版本图书馆CIP数据核字（2019）第001575号

书　　名	走近毛江森		
编　　著	《走近毛江森》编委会		
出版发行	浙江科学技术出版社 杭州市体育场路347号　邮政编码：310006 办公室电话：0571-85176593 销售部电话：0571-85062597 网　　址：www.zkpress.com E-mail：zkpress@zkpress.com		
排　　版	杭州兴邦电子印务有限公司		
印　　刷	浙江海虹彩色印务有限公司		
开　　本	787×1092　1/16	印　张	17.5
字　　数	206 000	插　页	12
版　　次	2019年1月第1版	印　次	2019年1月第1次印刷
书　　号	ISBN 978-7-5341-8571-7	定　价	68.00元

版权所有　翻印必究

（图书出现倒装、缺页等印装质量问题，本社销售部负责调换）

责任编辑　沈秋强		责任美编　金　晖	
责任校对　陈宇珊		责任印务　田　文	

《走近毛江森》编委会

总 顾 问	施培武　毛子安　陈念良
主　　审	毛江森　张淑雅　陈念良
书稿整理	高丽敏　章　平　林丽君　毛岱敏　王军舟
指导单位	浙江省医学科学院
执行单位	浙江普康生物技术股份有限公司

书赠毛江森同志：

千岩竞秀 万壑争流

二〇〇年三月 钱信忠

书于连汍玖十周年

贺　　　信

尊敬的毛江森院士：

欣逢您八十华诞，我谨代表中国科学院、中国科学院学部主席团并以我个人的名义向您致以最诚挚的祝贺和良好的祝愿！对您几十年来为推动祖国科技事业发展做出的重要贡献表示崇高敬意！

作为我国著名病毒学家，您长期从事病毒学、干扰素和疫苗的研究。自20世纪50年代末开始从事脊髓灰质炎病毒、疫苗和细胞培养技术研究，为发展脊髓灰质炎活疫苗做出重要贡献；率先在我国开展干扰素研究，提出病毒感染时"信息有可能从RNA传给DNA"，是当时国际上认识到遗传信息有可能逆转录的极少数科学家之一；建立和系统研究了乙型脑炎病毒——鸡胚细胞干扰素产生系统，开拓了我国的干扰素研究工作；培养出甲肝减毒活疫苗毒种并制成安全有效的活疫苗，对于控制甲肝流行具有重大突破性意义。几十年来，您始终以促进国家科技事业发展为己任，虽已届八十，仍辛勤耕耘在科研工作第一线，为推动国家科学事业发展做出重要贡献。

您严肃认真的科学态度，孜孜不倦的工作精神，是广大科教工作者学习的榜样。衷心恭祝您生日快乐，健康长寿，阖家幸福！

中国科学院院长
中国科学院学部主席团执行主席　白春礼

二〇一四年一月十五日

毛江森

一九九一年当选为

中国科学院院士（学部委员）

院　长 周光召

尊敬的 毛阳化

您好！

承蒙您的厚爱，北京天坛生物制品股份有限公司、北京生物制品研究所2005年取得了可喜的成绩，我们真诚地感谢您对我们工作的一贯支持。2006年我们有信心凭借不懈的进取和精诚合作的团队精神在生物制药领域再创佳绩，以不辜负您对我们寄予的厚望。

值此新春之际，公司全体员工向您和您的家人致以最真诚的祝福！愿您在新的一年里

万事如意
合家欢乐
幸福安康

崇敬：

作研究的研究发展
是之之心四门，为中国
疫苗研发身得3举富。

北京生物制品研究所
北京天坛生物制品股份有限公司
'18/1-06

毛江森日常工作照片

▲ 1978年，杭州市郊袁浦村发生了水源传播的甲型肝炎大流行，全村42%的村民发病，其中有一家五口人全部卧床不起。研究员陈念良（右二）在该村工作了3个月，收集到大量含甲肝病毒的粪便，从中分离出甲肝减毒活疫苗（H₂株）的原毒种

◀ 2000年5月，毛江森在浙江省医学科学院

◀ 2002年,毛江森受日本星猛校长邀请访问静冈大学

▲ 2002年,毛江森在日本静冈大学植树纪念

▲ 2006年1月14日，浙江普康生物技术股份有限公司拥有自主知识产权的甲肝活疫苗进入国际市场庆祝会现场照片一

▲ 2006年1月14日，浙江普康生物技术股份有限公司拥有自主知识产权的甲肝活疫苗进入国际市场庆祝会现场照片二

▲ 2006年，印度著名儿科专家Dr. Zinoba与毛江森谈论浙江普康生物技术股份有限公司生产的甲肝活疫苗在印度儿童中使用所取得的满意结果

▲ 2010年，毛江森与夫人张淑雅受北京协和医院邀请参加医学转化中心成立仪式

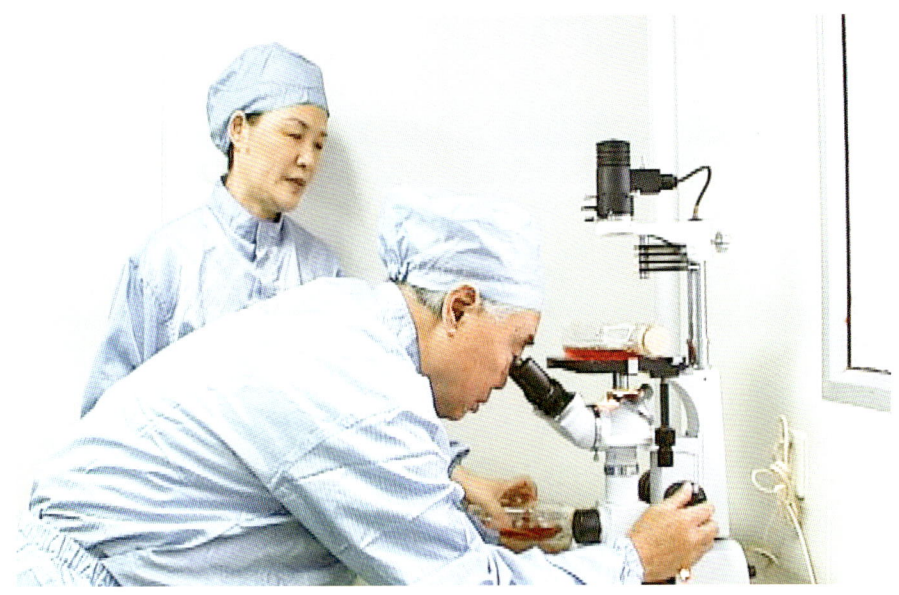

▲ 毛江森在实验室

▲ 毛江森在浙江普康生物技术股份有限公司（2014年摄）

毛江森及其与家人合影

◀ 毛江森少年时求学于浙江省立杭州高级中学（1949年摄）

▲ 毛江森与张淑雅结婚（1957年摄于上海）

◀ 毛江森与母亲、岳母、夫人和长子毛子旭在北京协和医院家属宿舍（1966年摄）

▶ 毛江森由甘肃调至杭州工作（1978年摄于杭州植物园）

▲ 毛江森61岁生日（1994年摄于浙江省医学科学院）

▲ 毛江森受邀访问南非病毒研究所（1999年摄于好望角）

◀ 毛江森与夫人张淑雅医师在杭州西子宾馆（2001年摄）

◀ 2006年，毛江森受邀访问印度

▶ 毛江森与家人合影留念（1999年摄于杭州）

▲ 毛江森与家人合影留念（2000年摄于杭州家中）

▲ 毛江森母亲在阅读（1993年摄于家中）

▲ 毛江森母亲与夫人张淑雅在杭州家中

产品及成果奖状

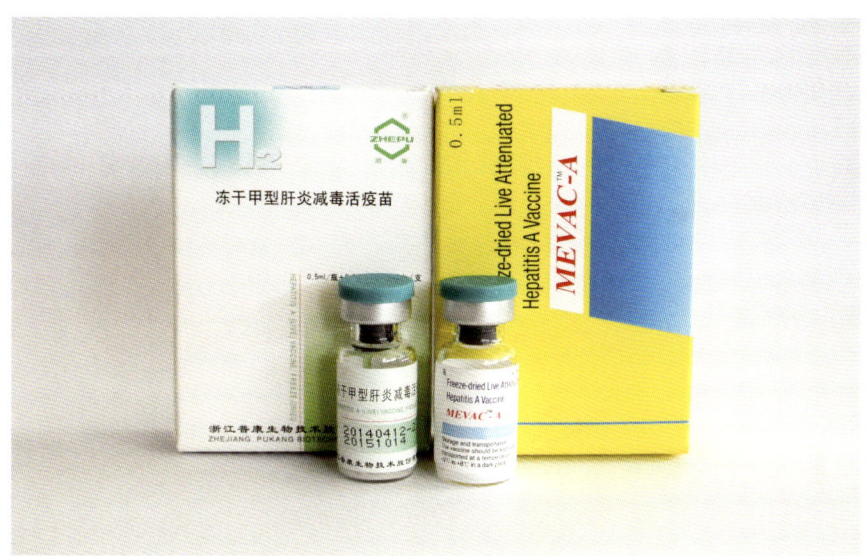

▲ 冻干甲型肝炎减毒活疫苗

◀ "甲型肝炎减毒活疫苗保护效果及免疫策略研究"项目获2001年国家科学技术进步奖二等奖

◀ "甲肝减毒活疫苗保护剂和冻干疫苗的研究"项目获2002年浙江省科学技术奖一等奖

▶ "甲型肝炎减毒活疫苗毒种"项目获1993年国家发明奖二等奖

浙江省科学技术奖
证　书

　　为表彰浙江省科学技术奖获得者，特颁发此证书。

项目名称：
重大贡献奖

奖励等级：

获　奖　者：浙江省医学科学研究院
　　　　　　毛江森

证书号：　0700001　　　　　　　　二〇〇七年

▲ 毛江森获2007年浙江省科学技术奖重大贡献奖

▲ 美国化学协会赠送的奖杯

40余年来，我一直在科研单位工作，从事着病毒学和我国某些重要病毒病的研究工作，一个主要目标是研究从根本上防治病毒病的对策。如果说有些微成绩，对有些病毒病的控制尽了绵薄之力，这是由于平生尚勤勉。勤于求知，勤于从别人创造的知识中汲取营养；勤于思考，在一段时间内只思索一个问题，使之深入再深入，从而创造出自己的认识，这叫作"温故而知新"。事实上，想过的比做过的更多一些。喜欢在科学领域内幻想，可能是许多科研人员的习惯。幻想会产生激情，激情是科研的动力之一。

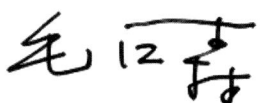

目录

毛江森简介　/001

毛江森：大医精诚，一生为了百姓　/003

毛江森在科学技术方面的主要成就与贡献
　　——1991年中国科学院院士申报书　/014

人生印迹

不倒的丰碑　/021

黄土地不会忘记　/034

抉择　/050

吾更爱真理　/060

扬帆远航求学路　/076

又上了一堂杭高课　/089

站在科学的前沿 /103

走进"社会大学" /117

记忆中的上医 /131

访谈纪实

访谈(一) /137

访谈(二) /144

访谈(三) /150

书刊文摘

消灭甲肝,泽被苍生——病毒学家毛江森院士访谈 /163

中国科学院院士毛江森评价甲流防控:甲流病毒跟SARS有
  很大区别 /169

把知识变成资本 /173

病毒学家提醒:与野生动物保持一定距离 /178

甲肝疫苗的发明者——记著名医学病毒学家毛江森院士 /179

教师节,毛江森院士为母校老师献上"奖教基金" /182

历史深处——"6·26"医疗队在陇原 /184

毛江森：为消灭甲肝而奋斗 /185

毛江森：我毫不犹豫地回到祖国 /188

毛江森的三大"情结" /190

毛江森院士的烦恼与思考——以浙江省医学科学院发展为例 /196

毛江森院士谈——病毒与"非典" /201

毛江森院士追忆名师 /212

毛院士赤子心，为家乡多贡献 /214

毛江森院士资助新疆少数民族贫困学子 /215

我国甲肝减毒活疫苗疗效国际领先 /217

与"魔鬼"打交道的人——记"6·26"赴甘医疗队员、中国科学院院士毛江森 /219

浙江10年观察证实，甲肝疫苗保护率达100% /222

一剂次甲型肝炎减毒活疫苗（H_2株）接种后的免疫记忆反应——17年的随访观察结果 /223

求知欲成就了事业 /226

做什么，不做什么 /234

讲话与题词

在杭州高级中学"毛江森奖教基金"成立会上的讲话 /243

印度合作讲话　/245

在杭高百年华诞庆典上的讲话　/247

在普康-上医大"优秀教师基金会"成立时的讲话　/249

在救灾（汶川8.0级大地震）捐献会上的讲话　/251

在浙江省医学科学院五十华诞上的讲话　/253

在浙江省人民政府宣布设立"浙江省科技咨询委员会"
　　决定上的讲话　/256

在设立普康公司上医奖教基金会上的讲话　/258

给浙江省医学科学院院训题词　/260

为中山大学《医学信息荟萃》杂志题词　/261

附录：毛江森主要论文目录　/262

毛江森简介

毛江森，1933年1月出生于浙江省江山县，1951年从浙江省立杭州高级中学考入国立上海医学院医学系，1956年毕业。1957年在中国医学科学院病毒学系从事研究工作。先后在中国协和医科大学和北京师范大学进修过生物化学和物理化学。1970~1977年下放甘肃工作。1978年调至浙江省医学科学院工作。1983~1984年在美国国立卫生研究院（以访问科学家的身份）从事研究工作。曾任浙江省医学科学院副院长、院长。1991年当选为中国科学院院士（学部委员）。先后荣获"国家级有突出贡献中青年专家""浙江省劳动模范""全国先进工作者"等荣誉称号，卫生部优秀留学归国人员，中国共产党第十四次、第十五次全国代表大会代表。

毛江森同志从事病毒学研究工作50余年，早期主要从事病毒用细胞培养的研究，与他人合作建立了可用于肠道病毒、麻疹病毒和甲肝病毒等研究的人胚肾传代细胞系（MERN株）。在脊髓灰质炎减毒活疫苗的研发中，负责活疫苗免疫反应和病毒在肠道内繁殖的研究。1960年建立了乙型脑炎病毒-鸡胚单层细胞系统干扰素的产生和鉴定系统，研究了高滴度干扰素

产生的条件,开拓了中国干扰素的研究工作。而后,进行了对麻疹疫苗、抗流感药物金刚烷胺及乙型脑炎病毒的研究。发现重水能明显增加病毒的热稳定性,并阐明其机制,建立了在生物大分子中测定氘含量的简便方法。1964年著文论述遗传信息逆转录问题,是当时国际上认识到信息有可能逆转录的少数科学家之一。1978年开始从事甲肝病毒(HAV)及疫苗的研究,分离出HAV,发现短尾猴对HAV易感,成功地对HAV进行了减毒,使其适用于二倍体细胞,由此培育出减毒活疫苗(H_2株),并研制出甲肝活疫苗,1992年卫生部批准批量生产和大规模使用,为控制当时在中国业已严重的甲肝流行做出了贡献。2003年年初严重急性呼吸综合征(SARS)流行期间,在病原未确定之时,提出SARS很可能是新的病毒性疾病(以下简称病毒病),病原有可能来自野生动物,要特别防范SARS病毒由实验室泄漏传播,提出SARS的生态性预防与控制的理念。

毛江森同志在病毒学的基础理论研究方面有重要建树,对遗传基因逆转录、单分子(氘)对病毒结构与功能影响等方面的研究获专利10项,其中包括PCT [PCT是《专利合作条约》(Patent Cooperation Treaty)的英文缩写,是有关专利的国际条约] 国际专利授权1项(欧洲)、国家发明奖二等奖1项等。

毛江森：大医精诚，一生为了百姓

> 科学上的判断不是拍脑袋的产物，它要求占有尽可能多的现有和过去的资料；它要求提出的判断符合逻辑，能解释全部表象；它要求温故知新。
>
> ——毛江森

结缘上医

毛江森出生在浙江省江山县的一个"毛"姓聚居的小山村，父母都是农民。他出生时，父母根据家族的命名规则，为他取名毛维书，是维字辈。毛江森小时候常常生病，别人得麻疹十天半月就可痊愈，但他病了40天才好，父母为此操碎了心。20世纪30年代，农村无医无药，只有算命先生。算命先生说毛维书命里缺木，因此就将"毛维书"改为"毛樟森"。上学以后，毛樟森嫌自己名字笔画太多，就自己做主将名字改为"毛江森"，一直用到现在。

改名是件小事，但自幼的体弱多病对毛江森影响很深。他一直记得，自己幼时得麻疹病40天，母亲常常在他床边"吧嗒吧嗒"地掉眼泪，说道："维书啊，你怎么还起不了床呢？病我帮你生吧，你快好起来吧。"就是这样的儿时经历影响了他对职业的选择。毛江森上高小的时候功课特别好，算术是全班最优秀的，唯独体育不及格，按学校规定是要留级的，好

在校长网开一面,考虑到他的学习成绩优异,刻苦努力,便准予升级。毛江森后来考入全国知名的浙江省立杭州高级中学。高中还没毕业,老师就建议他以同等学力考大学。毛江森在高中时最喜欢物理和数学,本来想报考数理专业的,此时,父母的一封来信使他改变了志愿。信中说:"你从小体弱多病,把你带大实属不易,你还是念医吧。"他想到,家人深受病痛之苦,弟弟夭折,姐姐多病,农村的孩子从没有见过白大褂,也没有吃过一片药。农村无医无药,生存很不易,于是他便报考了国立上海医学院,即后来的上海医科大学。毛江森在上医做了6年的医学生,明白了一个道理,那就是"医学走的是一条奉献之路"。上医有一批精神高尚、学术一流的名教授、名医师,他们治学的严谨求实、对患者无微不至的关爱,一直激励着他在从医和科研道路上发扬"上医精神",无私地贡献自己的心血。

执着科研

虽然毛江森学医的初衷是成为一名医生,想通过行医帮助更多需要帮助的人,但是当时新成立的中国医学科学院需要一批学生。于是,毕业后他被分配到中国医学科学院病毒学系,从事病毒学研究,致力于脊髓灰质炎减毒活疫苗免疫学及病毒学研究,并与他人合作提出和建立了人胚肾传代细胞系,传代应用至今。

1960年,中国病毒学的奠基人黄祯祥教授提名毛江森做他的助手。在此期间,毛江森建立了乙型脑炎病毒-鸡胚单层细胞系统干扰素的产生和鉴定系统,并较全面地研究了高滴度干扰素产生的条件,开拓了我国干扰素的研究工作。年轻的毛江森还在《中国科学》等杂志上发表了6篇论文，分析了干扰素的产生机制、测定方法和抗病毒作用等因素，这是中国最早的干扰素研究文献。

1963年，毛江森晋升为助理研究员。面对病毒科研中的一道道难关，毛江森毫不松懈，树立信心，不断去寻找攻关的办法。20世纪60年代初期，中国与世界医学学术交流很少。当时毛江森家就在中国协和医科大学图书馆旁边。即使是困难时期，图书馆里也有很多外文书籍和杂志。为获取前沿信息，毛江森每天早晨赶到图书馆，翻阅国内难得寻觅的美国等发达国家原版的医学、病毒学、医学生物等方面的杂志，一天要在图书馆内待上十多个小时，直到晚上闭馆才回家。有一天，毛江森在一本新到的美国国家科学院院刊（*PNAS*，1964）中，看到一篇Temin教授的研究简要报告，他将劳氏肉瘤病毒（Rous sarcoma virus，RSV，即一种致家禽肿瘤的RNA病毒）接种到艾氏腹水瘤细胞，病毒感染后，Temin教授发现除了病毒特异的RNA外，还发现了少量病毒特异的DNA。这一结果让毛江森眼前一亮，非常兴奋。因为当时在分子遗传学上占统治地位的观点是所谓的"中心法则"，即遗传信息是由DNA转录给RNA，再译成蛋白质。Temin教授的这一发现，显然与当时的"中心法则"是相违背的。如何解释这一现象呢？毛江森经过再三思索，觉得"莫非遗传信息有可能从RNA传递给DNA？"作为一名年轻的助理研究员，作为中国医学病毒学界的"初生牛犊"，毛江森并没有盲目相信权威，而是用科学的方法勇敢地质疑并否定，提出了这一重大的命题，成为当时国际上认识到有这种可能性的极少数科学家之一。这时，正好有一家杂志社向毛江森约稿，他便撰写了《病毒感染细胞的机理》一文，指出"遗传信息有可能从RNA传给DNA"，即

遗传信息的逆转录。1965年论文发表后，引起这一研究领域的科学家们的关注，而这一十分重要的认识后来被证实是诺贝尔奖的命题。

坚守初心

毛江森工作后在1958年被下放到北京市昌平县的一个自然村，任务是种菜，期间他还成功抢救了一个濒临死亡的小孩。后来这件事传开了，卫生部领导也知道了，钱信忠部长带毛江森到中南海接受了周总理的接见，和朱德、郭沫若等领导人一起合了影，并获得了"劳动模范"的称号。

1966年，"文化大革命"开始，毛江森被批判执行了"修正主义"科研路线。他从图书馆借了一本司马迁的《史记》，阅读了有关章节，也请求随医疗队去湖北防病治病。1970年，毛江森拒绝了当时病毒所军代表要他批判一位受人尊敬的好人和长者的要求，他认为这有违他的良心，随即被下放到甘肃省陇南县的岸门口公社卫生院，举家从繁华的京城来到贫困的西北小镇。即使身处困境，他也并不消沉，希望能利用自己的专长为百姓做些事情。

有一次，毛江森在甘肃省武都县附近调查，看到山上的草根都被当地人挖光当柴烧了，裸露的山体经雨水冲刷，呈现出"五彩缤纷"的表皮。一个念头随之在他脑海里闪现：地表被剥蚀得如此面目全非，难道不影响人的健康生存吗？经过进一步调查与研究，毛江森把地表元素特别是微量元素与当地疾病的发生联系起来，尤其是发生较多的"大脖子病"（缺碘性甲状腺肿大）、"柳拐子病"（大骨节病）、克山病等地方病及肿瘤。1970年年底，他将自己的看法写成一篇文章，寄给了国家卫生部，建议要重视环境特别是地表元素和微量元素与某些地方病及肿瘤相互间的关系。在当时，这种大胆的做法不被医学界某些人士看好，但到了20世纪80年代，毛江森的这一观点就被业内人士普遍接受并在实际中运用。

1974年，甘肃省陇西县上报发生了"病毒性出血热"的疫情，全县各地每天都有许多婴幼儿死亡。省政府派毛江森去诊察，他到达县医院后，已有许多妇女怀抱婴儿在等待，这些娃不哭不闹也没发热，脑袋耷拉在母亲的肩上，妇女们在喊："我的娃咋啦？"这些都是濒死的孩子，场面十分悲戚。通过夜以继日的调查，毛江森否定了病毒性出血热的可能性，在冒着风险进一步调查后，他怀疑这种致死性疾病很可能跟吃了发霉的玉米（那个地方没有粮食，只有返销粮，是从东北运来的玉米）有关。当时毛江森在思想上进行着激烈的斗争：作为一个来接受"再教育"的人，如果说人们吃国家的粮食引起中毒死亡，万一这种推测判断有误，恐怕会被戴上"反革命"的帽子；若选择明哲保身，只要写上"不是出血热"，让他们另派专家即可。但看到天天有人死亡，想到更多的人正面临着死亡的威胁，很多是出生不久的新生儿，毛江森还是坚守了科学上的道德，将自己的推测和初步调查结果向军代表进行了汇报，认为是供销的玉米发霉后有毒性，提出存在于粮食中的毒素分子很小，可以通过乳汁进入婴儿体内，使孩子的凝血机制遭到破坏。因此，他建议停止食用返销粮（玉米）一个星期。结果正如他推测的那样，停止食用这种玉米之后，不再出现新发病例，毛江森救了全县一代人。三个月后，兰州大学的专家从送检的霉变粮食（玉米）中检测到能破坏凝血机制的毒素。1983年，甘肃省委、省政府召开了一次庆祝和奖励大会，表彰陇西救人事迹，毛江森与夫人应邀出席并受奖。

后来他在一篇文章里写道:"道德的激情能使人无所畏惧,但是科学的方法是解决问题的钥匙。这两者缺一不可。"因为道德的激情让毛江森悲天悯人,所以他甘愿冒如此大的风险做这样的事情。他永远记得自己小时候得麻疹,听见母亲的眼泪落在竹席上的声音。母爱使毛江森一辈子难忘,他通过自己的言行,又把这个爱传递给他人。

泽被苍生

1971年,全国掀起了一股研究老年慢性支气管炎的风潮,病毒学界也被卷了进去,大家都研究起普通感冒病毒来。当时毛江森对于做这个项目很不理解,理由是普通感冒病毒有100多个类型能引起咳嗽、流鼻涕,但一般不引起下呼吸道症状。他问一位领导,普通伤风感冒全国都在搞了,为什么肝炎在中国这么严重,却不号召人去做呢?并且他提议让自己来开展这一项工作。但是很可惜,这个提议在当时没有得到领导的足够重视。

1978年,毛江森从甘肃调到浙江省医学科学院工作,有人劝他研究肿瘤病毒,也有人劝他继续从事干扰素的研究。然而毛江森坚持认为,研究的内容应该要解决老百姓的实际问题,而当时浙江多地农村的老百姓深受甲型病毒性肝炎(下文简称"甲肝")之苦。这种传染病发病率高,病期长达两个多月。有一个自然村近42%的人口都受到了甲肝病毒的感染,更有一家五口全都得了甲肝,毛江森深感震惊,由此他便开始了长达十多年的对甲肝和甲肝病毒的研究。

毛江森从不惑之年开始日日夜夜投入到甲肝疫苗研究之中,仅仅是课题的前期准备工作就用了大半年时间。他深入走访了杭州、宁波、绍兴等地患甲肝的农民家里，详细调查疾病流行相关情况，和患者及其家属交谈，观察患者的生活环境并做病例记录。要开展科研工作，首先就要收集患者的粪便。病毒存在于甲肝患者粪便里，可以将病毒分离出来进行科学研究。那个时候，课题组的三个人每天做的事情，就是挤公共汽车到农村把甲肝患者的粪便收集回来，再存入实验室的冰箱。他们带着装有粪便的塑料袋坐在公共汽车上，常常有闻到臭味的乘客表示不满，然而这些并没有让毛江森感觉到有任何的辛苦。回到实验室后，他就用放射免疫分析法和电子显微镜等设备，如大海捞针般地从这些粪便中分离出甲肝病毒来。据毛江森估算，最后他收集的患者粪便，足足有100多份，存满两大冰箱。正是这些不辞劳苦收集来的粪便标本，特别是儿童甲肝发病前的粪便，为后来研究甲肝病毒的疫苗和了解甲肝的发病与免疫反应规律，创造了十分重要的条件。

经过几年时间的奋力研究，毛江森带领他的科研人员基本上掌握了甲型病毒性肝炎许多方面的情况和科研数据，取得一项又一项研究成果：20世纪70年代末，分离出甲肝病毒（HAV）；接着，又发现红面猴和恒河猴对甲肝病毒有感染与免疫反应，从而建立动物模型，并证明甲肝有隐性感染；随后，又在研究中发现甲肝病毒在组织培养细胞内质网中增殖。特别是他研究清楚了甲肝病毒进入人体肠道后的整个病毒繁殖过程，机体的疾病反应，各种免疫反应的时序、强度和转归。论文发表于世界著名的传染病杂志（*JID*），受到了国外200多位学者的欢迎（收到索文请求），并收到美国国立卫生研究院（NIH）的邀请以访问科学家的身份工作一年。在这基础上，如何培育出甲肝减毒活疫苗毒种（H_2减毒株），研制出安全有效的甲肝减毒活疫苗的重任又压在了毛江森的肩上。

1988年，上海、江苏、浙江等近海省市暴发大面积的甲肝病毒感染，仅上海市就有近32万人发病，人心惶惶。与此同时，人们也期待着预防甲肝的疫苗能早日问世。这一情况激励了毛江森，他决定要发展甲肝活疫苗的研究。不负众望，1991年，毛江森和他的助手们成功研制出了甲肝减毒活疫苗（H_2株），一次注射可以使人得到持久甚至终身的免疫，不需要反复注射。这一科研成果得到了中央有关领导、卫生部、浙江省人民政府的高度重视和鼓励。时任卫生部部长陈敏章亲自在北京主持了甲肝减毒活疫苗（H_2株）的鉴定会并通过鉴定；时任中央领导李瑞环在杭州接见了毛江森，在听取汇报后，指示疫苗应尽快在杭州建厂生产。

自问世以来，毛江森团队研制的甲肝减毒活疫苗已经使用了26年，中国甲肝的流行状况已经得到了有效的控制，感染人数和发病率均处于逐年下降的状态，疫苗也在印度等国得到批准使用。这26年的临床使用表明，该甲肝减毒活疫苗安全有效，并且最适合中国国情。而该疫苗成果，也在1993年荣获国家发明奖二等奖、卫生部科技进步奖一等奖、浙江省科技进步奖一等奖，并被收入《中华人民共和国重大科技成果选集》；同时还获得国家专利局颁发的专利证书。1995年，毛江森发明甲肝减毒活疫苗一事，又被"两院"院士们评为中国科技界十大新闻之一。毛江森于1991年当选为中国科学院院士（学部委员）。

心系百姓

甲肝疫苗研发出来的那一年，农民兄弟需求量大，疫苗生产任务由国内四家生物制药公司担当，出厂价为12元一盒，仍供不应求。当毛江森听说贵州遵义的一位老农带着两个儿子到当地防疫站注射甲肝疫苗，手里攥着的尽是一张张皱巴巴的角票，从此，这些皱巴巴的角票便折映为一张张干巴巴的脸，时不时地在他眼前浮现。这事让他深受触动。在那个物价上涨的年代，原本12元甚至可能调至更高价格的甲肝疫苗，却降到了10元、8元。可是，在数亿受惠人群中，很少有人知道毛江森，更不会有人知道毛江森在疫苗价格问题上所做的一切。就像泰戈尔的诗句——"天空不留痕迹，鸟儿早已飞过"，毛江森坚守着自己的责任，不为名利，只因心系百姓。

如今，年逾古稀的毛江森院士同时兼任生产甲肝疫苗的浙江普康生物技术股份有限公司（下文简称"普康公司"）董事长，仍在指导甲肝减毒活疫苗的生产，为医学病毒学的研究贡献着自己的力量。尽管公司业绩骄人，但他微笑着说："这个跟我的生活无关，能在实验室做研究是我的至爱，这是我全心全意的工作，至于办公司，是中央领导和省里给的任务，为的是使科研成果的转化快一些，是不得不做的副业。"由此可见，毛江森最喜欢的，仍然是在实验室静静地做一些研究，他不参与管理，只是会把自己的经营理念传达下去，始终在为老百姓着想，要求尽量降低疫苗生产环节中的各种成本，生产出价廉效好的"平民疫苗"。

身为研制甲肝疫苗的专家，除了让百姓知道可以通过接种疫苗来达到预防的目的之外，毛江森还想让大家知道，注射疫苗固然可以预防许多疾病，但是人们健康水平的提高更多的还是要依赖于良好的生活卫生习惯。他说，如果生了一种病，要花一百元才能治好，疫苗预防可能只要几元，而改变原有的不良生活习惯，不花一分钱就可以做到，这不论是对个人还是对国家都是有利的。近年来，不断上涨的医药费支出已经成为我国经济

社会发展的包袱，医学工作者为国家解忧，除了拿出更多的科研成果，还要从小事做起，给大众"科普"。普康公司的"普康"二字，是毛江森当初脱口而出的，他说："愿普天下人都得到健康，我一生只为这一个心愿。"

肩负责任

毛江森院士从事医学病毒学研究近六十载，取得了丰硕的研究成果。除了上述在干扰素与甲肝减毒活疫苗等方面之外，他为其他病毒病的研究也做出了巨大的贡献，尤其是某些不适合用疫苗来进行预防的病毒病。

2003年年初，SARS在我国横行，它具有高度传染性和极高的病死率，且病原当时尚不清楚。有人说是衣原体，有人说是生物战，也有人怀疑出现了新病毒，这使得百姓和国家处于危难之中。毛江森作为该领域的专家，觉得有责任为政府分忧，他研究了SARS的疾病性质、临床表现及流行特征，又对近30年来的新病毒病进行了回顾，提出病原很可能是来自野生动物的病毒。这种科学的判断，对防治"非典"起到了十分重要的指导作用。毛江森还建议，预防SARS最好是从生态性预防入手，因为研制疫苗不仅会造成人力与财力上的浪费，也会带来较大的风险，而用生态性预防的方法则可以取得较好的效果。

如今，毛江森院士已是头发花白的耄耋老人，而一提起人们闻之色变的病毒，他却如数家珍：脊髓灰质炎病毒、乙型脑炎病毒、麻疹病毒、甲肝病毒、乙肝病毒……因为，这位老人几乎一生都在和病毒打交道，特别是被称为"魔鬼"的甲肝病毒。他说，为人类寻找降服甲肝病毒的疫苗是他身为一个科学家的责任。

毛江森院士为人谦逊,乐于思考,勤于求知,相信科学,探索真相;他所做的一切,都是为了解决老百姓的需要,为了让老百姓能够安全健康。古语云"医者仁术",毛江森以他数十年的从医经历和医学研究实践诠释了这个医学真谛。正如他所言:"我是一个出生于小山村的农家孩子,经历并不平坦,吃了不少苦头。但是,一生都想为百姓减轻一点病痛,并将矢志不渝。"

(摘自《正谊明道:上医院士如是说(第二辑)》. 桂永浩,彭裕文,主编. 上海:复旦大学出版社,2017)

毛江森在科学技术方面的主要成就与贡献

——1991年中国科学院院士申报书

从事医学病毒学研究近40年，曾在《中国科学》、J. Inf. Dis.等中外刊物发表研究论著60余篇。近12年来，对甲型肝炎病毒（HAV）进行了系统的研究，分离出HAV，阐明了排毒及抗体反应模式，发现了敏感动物——红面猴，证明甲肝有隐性感染，发现HAV在组织培养细胞内质网中增殖，研制出诊断试剂（国家"七五"214项目），创立了减毒株育选方法；培育出甲肝减毒活疫苗毒种（国家"七五"214项目），研制出安全有效的甲肝活疫苗，为控制该病的严重流行取得重大突破，居国际领先地位，受到国内外高度重视，国际465位学者来信赞赏，该项成果被收入《中华人民共和国重大科技成果选集》。

早年，曾率先开展干扰素研究（1961～1963），发现乙型脑炎病毒-鸡胚单层细胞系统是良好的干扰素产生系统，进行过较系统的研究，这是我国干扰素研究工作的开端；完成我国脊髓灰质炎减毒活疫苗的免疫学效果及病毒增殖动态的研究（1959～1961），为该疫苗的生产和使用提供了依据；在从事病毒组织培养技术的研究工作中，与何申同志一起建立了人胚肾传代细胞系（1960），是国人建立的第一株至今仍用于病毒工作的传代细胞，对多种病毒的研究做出过贡献；在病毒感染细胞机制的研究中，曾在1965年著文强调过"信息有可能从RNA传给DNA"的新观念。

一、关于甲型肝炎病毒及其疫苗的研究

1978年以来，为解决当今世界，特别是我国甲型肝炎的严重流行，对甲型肝炎病毒（HAV）进行了长达十多年的系统研究。领导了国家"七五"重大科技攻关214项目——甲肝疫苗的研制，以及负责另一项国家"七五"214项目——甲肝诊断试剂的研制。

1. 甲型肝炎的应用基础研究

在病原研究方面：成功地用组织培养细胞和红面猴分离出HAV，建立了我国的HAV毒株，发现中国的红面猴及恒河猴对HAV易感，建立了新的动物模型，为发病机制及疫苗的研究打下基础，论文发表于《中国科学》，获卫生部科技成果甲级奖；另外，首次在组织培养中证明HAV在扩大了的胞浆内质网中增殖，对病毒的形态发生学作出解释，并为疫苗提取方法的建立提供依据。

在甲肝的发病与免疫机制研究方面：阐明了人体排HAV规律及抗体反应的性质与时序，发现人体对HAV感染反应类似肠道病毒急性感染过程，有典型的IgM及IgG抗体反应过程，不长期带毒，为使用疫苗预防疾病提供理论基础。论文发表于著名的 *J. Inf. Dis.*。获浙江省科技成果一等奖。

在甲肝流行病学研究方面：对人群免疫状况进行过较正确的调查分析，对我国大城市甲肝流行，如1988年上海甲肝大流行，曾提出正确的预测与告警；证明HAV感染中有隐性感染存在并阐明其百分比，为甲肝的流行做出了正确的解释和为预防策略提供依据。论文发表于 *Am. J. Epidemiology*（美国）。

2. 甲型肝炎的应用研究

在甲型肝炎疫苗研究方面：负责国家"七五"攻关关于研制甲型肝炎疫苗的任务。成功地设计出获得安全有效减毒株的方法，创用了新生猴肾单层细胞增殖HAV和传代、低温减毒和低温适应于二倍体细胞等一系列方法。成功地获得了遗传稳定、对人安全和免疫效果良好的HAV减毒株，命名为H_2减毒株。还创建了红面猴、恒河猴检定用动物模型，建立疫苗制备方法及效果考核。在攻关组集体努力下，率先成功地研制出甲肝减毒活疫苗，在卫生部批准生产后，甲肝疫苗已接种1亿6千多万人份，使我国甲肝发病率以年均22%的速度下降，证明疫苗对人有高度的有效性，抗体阳性率达93%，保护效果近100%，它是国际上目前唯一有大量人群接种证明安全有效的减毒活疫苗。由陈敏章部长主持的鉴定会认为："甲型肝炎减毒活疫苗毒种选育成功是一项重大突破。这项研究成果在国际上属于领先地位，对于控制我国甲肝流行有重大意义，并将造福于人类。"研究论文发表于《中国科学》、*J. Inf. Dis.* 及 *Vaccine* 等中外著名杂志后，受到国际上极大的重视。该项成果已获得国家发明奖和多项国家发明专利。

二、关于干扰素研究（1961~1963）

曾率先在我国开展干扰素的研究，发现乙型脑炎病毒-鸡胚单层细胞系统是良好的干扰素产生系统，较系统地研究了影响干扰素产生的各种条件和获得高浓度干扰素的方法，并阐明D_2O对病毒增殖的促进作用与抑制干扰素有关。在《中国科学》及《微生物学报》上发表有关研究论文6篇，促进了我国干扰素研究的开展。

三、关于脊髓灰质炎减毒活疫苗的研究（1959~1961）

研究了我国研制的首批脊髓灰质炎活疫苗的免疫学效果和在小儿肠道

内繁殖的动态，取得满意的结果，并发现了其他肠道病毒对疫苗繁殖的干扰，为我国该疫苗的成功生产和推广使用提供了依据。论文发表于《中华医学杂志》。

四、关于病毒组织培养技术的研究（1957~1960）

与何申同志共同建立了一株人胚肾传代细胞（MERN株），并研究了对肠道病毒的敏感性，证明在对某些ECHO病毒的敏感性方面优于从美国引进的著名的HeLa细胞系，这是第一株由国人自己建立用于病毒工作的细胞系，对肠道病毒、麻疹病毒及甲肝病毒的研究做出过贡献，传代使用至今。

五、在病毒感染细胞的机理及分子生物学研究工作中的成绩

1965年，发表了《病毒感染细胞的机理》一文，在分析了Temin于1964年用劳氏肉瘤病毒（RNA病毒）在艾氏腹水瘤细胞感染后分析到有病毒特异性的DNA这一极初步的结果后，曾试图将这一步结果提升为一般生物学现象，从而强调指出"信息有可能从RNA传给DNA"这一新观念。这在当时，是国际上能认识到遗传信息有可能逆转录的极少数科学家之一。由于"文化大革命"的来临，没有任何可能以实验加以证实，仅属理论上的推导，未引起他人的注意，也没有起到应有的推动作用。直至1970年，由于Temin及Baltimore发现了逆转录酶才得以证实，并获诺贝尔生理学或医学奖，从而奠定了今日基因工程的基础。

人生印迹

不倒的丰碑

今天的我们生活在这么一个医学科技悖论中：一方面，随着科技的进步，人类解决了许多传统的疑难杂症，捍卫了自身的健康；另一方面，由于科技开发和生活方式的改变，新的病毒以更猛烈的方式袭向人类。21世纪初，从SARS到禽流感的一系列流行性传染病，由于其突发变异性、易传播性和高致病性，日益成为公众健康生活的巨大阴影。

时至今日，当提及2003年那个春天，仍有许多人心有余悸——这场自然对人类的突发袭击考验了整个社会，而首先要交出答卷的，就是流行性传染病学专家们……

"水光潋滟晴方好，山色空蒙雨亦奇"的千古佳句使西子湖遐迩闻名。在杭州西子湖畔临湖花坛，绿草如茵，花团锦簇。草坪上耸立着一座2米多高的雕塑，三块花岗岩石碑呈书形耸立，主体部分是青铜铸就的"希望"浮雕：四双手紧紧相握象征众志成城的图形，上部呈表示胜利的"V"字形，下部是相互支撑的人字结构，上下部分合成的"H"形，又代表了"杭州"（HangZhou）和"希望"（Hope）。这是一座具有特殊意义的雕塑，是一座记录杭州人民奋起抗击"非典"的永远不倒的丰碑。它在默默地向人们述说着，在2003年春夏之交那段特殊的日子里，杭州市各级领导心系群众的公仆情怀，各界群众无私奉献、团结友爱的高尚情操。这里面一定也铭记着中国科学院院士毛江森在"非典"袭来时几度发表重要讲话，对战胜"非典"的不可磨灭的功绩。

一场没有硝烟的战争

2002年11月,广东省佛山市发生第一例"非典"病例,随后的两个月里,"非典"在"珠三角"传播和蔓延。2003年3月,"非典"正以北京为中转站悄悄地向全国各地流行,4月北京疫情加重。在短短的半年时间里,疫情已经蔓延到包括香港和台湾在内的全国20多个省、市、自治区,可是4月20日前一直没有获得正确的报道。信息的模糊导致传言、谣言四起,更增加了民众的恐惧心理。这是一场突如其来的灾难,一场没有硝烟的战争。

美丽的杭州同样不能幸免。2003年4月19日,杭州发现3例输入性非典型肺炎病例。杭州市人民政府领导班子成员迅速召集市卫生局、各区有关负责人连夜开会,在没有方案可供比较选择的情况下,听取了专家的建议。本着对人民生命健康高度负责的精神,卫生部门雷厉风行,立即行动,将病人转送到杭州市第六人民医院,并立即对病人居住过的上城区"在水一方"等住宅小区实行隔离,卫生防疫人员、派出所警察、社区工作人员都紧急动员起来。第二天,隔离区的人一早醒来看到这种前所未有的情况都惊呆了,原来平静的生活全被打乱,不能上班,不能逛街,只能待在家中。他们被告知要过12天的隔离日子,这是政府的决定,既是对自己负责,也是对社会负责。平时联系不多的邻居在灾难来临的时候突然觉得人的情感需求是那么重要,他们开设了网上论坛,相互之间谈开了,显得那么亲切,特别有人情味,许多过去未曾说过几句话的邻居通过电话拉起了家常。面对无情的灾难,作为有责任担当的城市管理者和市民经受住了严峻的考验;面对突发的危机,白衣天使义无反顾地冲上抗击病魔的第一线。还有警察、社区工作者……他们以自己无私的奉献,留下了许多值得我们永远铭记的不寻常的故事,在他们身上折射出中华民族不屈不挠、知难而上的精神。2003年4月28日,《杭州日报》的一篇报道记录了杭州市卫生局局长邬丽娜4月26日一天从早上8点到深夜12点的行程:为了决战"非典",她奔赴医院了解病人情况,向市政府汇报,走访疫点和留验点,答复工作请示,一天最缺的就是睡眠。

浙江省委、省政府高度重视,紧急部署行动,决心打一场战胜"非典"的攻坚战。全省各地各级领导和部门严阵以待,机场、车站、码头、宾馆、旅店都实行健康登记制度,"常规武器"是一台台红外线体温测试仪,"宁可失之严,不可失之宽"成了大家的共识。街上、车上处处可以看到戴口罩的人,进出公共场所的人出奇的少,饭店、宾馆等商家直叹生意清淡。"非典"流行时期,由于杭州市启动了应急预案,有效地控制了"非典"的传播,受到了卫生部的肯定。

2003年4月25日,新华社浙江分社记者朱立毅、何玲玲采访中科院院士、病毒学专家毛江森。毛江森说:"根据以往对付新发现病毒的经验,我认为严格的隔离措施是防治'非典'的最有效的办法。由于"非典"是由新出现的冠状病毒引起的,短期内难以找到特效的预防方法,因此严格执行'早报告、早隔离'的措施显得尤为重要。"

毛江森院士告诉记者,虽然目前我们对"非典"冠状病毒的生物学特性知之甚少,但是人类对于病毒的研究已有百余年历史,根据对以往类似病毒的研究,我们可以大致认定,这一病毒对物理化学因子的抵抗力处于中等水平,目前采用一些强还原剂,如含氯消毒剂会起到较好的杀毒作用。此外经研究证实,紫外线的病毒杀灭作用对所有的病毒都有效,因此

毛江森建议有条件的地方可以在夜间长时间照射紫外线,以有效杀灭病毒。毛江森还说,早报告是隔离的基础,是政府采取措施的决策依据,因此各级政府都应当准确并及时地通报疫情,否则后果将有可能是灾难性的。

对于有的地方人们过分紧张的情况,毛江森表示,在那些还没有出现"非典"确诊或疑似病例的地区,人们完全没有必要过分紧张,应该正常地开展工作和生活。而政府根据周边地区的疫情发出适当警示,并采取一定的限制措施,这是有必要的。

接受采访时,毛江森神情凝重,眉头紧锁,这位病毒学专家深知"非典"会给社会带来怎样的冲击,"非典"病毒的肆虐不再是一个简单的医学或流行病学的问题,同时也是一次严重的社会危机。对这种病,专家还在探源,老百姓更是一无所知,他们恐慌也是在情理之中。过了一会儿,他紧锁的眉头慢慢松开了,令他感到欣慰的是,杭州市人民政府在"四套班子"的会议上当机立断,十分钟内作出大胆的决定,就是实行隔离措施,而这正是两个月前他打电话给时任浙江省卫生厅厅长李兰娟时的建议。

奋笔疾书进诤言

"非典"肆虐之际,时任中国科学院副院长陈竺联合21名院士给党中央、国务院写信,要求构筑我国预防医学创新模式。4月21日,毛江森院士收到中科院学部刘峰松的来信,就陈竺院士关于"非典"的报告征求意见。毛江森收到信后迫不及待地阅读,他知道这个时期比什么都重要的是时间,他完全拥护党中央、国务院把"非典"作为国家、民族的大敌来对待。掩卷遐思，古往今来历史上新病毒的出现和传播的一幕幕又浮现在他眼前，那是怎样的惊心动魄啊。病毒性传染病曾给人类造成巨大的危害：天花、黄热病、流感、脊髓灰质炎、麻疹、病毒性肝炎、出血热……这些疾病虽然多数得到了控制，但近20年来，新的病毒病又不断出现，就世界范围而言，约每5年会出现一种新的病毒病。近20年来出现的病毒病有：埃博拉出血热、尼帕病毒病、丙型脑炎、人感染禽流感、克雅氏病等，都有十分高的病死率。病毒不分国界，必须有全球的观念，依靠全球的力量，建立全球的监控网络，利用全球知识为我们所用。

作为甲肝病毒研究者和甲肝疫苗的研制者，毛江森有话语权，病原研究是病毒病研究防治与最终控制的关键。1988年上海发生甲肝大流行事件，32万人集中发病，由于我国重视病毒及疫苗研究，疫苗使用10多年来，发病率逐年下降，使中国甲肝严重流行的问题得以解决，这是一个典型的例子。

毛江森在给刘峰松的回信中提出，各国现已证明冠状病毒的一个新变种是SARS的病原，在积极研究基因结构、加强诊断与疫苗研制的同时，建议要十分重视该病毒发病与免疫机制的研究。看起来，它的发病与免疫反应（包括超敏反应）机制很有特殊性，这一方面的研究可能有利于降低病死率。

毛江森在信中语重心长地说，虽然这次冠状病毒的来源尚不清楚，但应十分积极和谨慎地进行研究。从以往很多新出现的病毒病来看，应当认识到，寻找野生动物为食，掠杀野生动物，将野生动物用于实验，破坏野生动物栖息地，以及自然灾害等，都可破坏病毒原有的生态循环，使原本不在人群中循环的病毒侵入人群中，这叫作病毒入侵。无论如何，应号召

民众与野生动物保持距离,这很重要,任何时候都不能忘记。毛江森还提出应在各级医生中普及各类新病毒知识与教育。

受科学家的责任感和对人民健康负责精神的驱动,毛江森从早上收到信件后,就没有休息过,中午在办公室匆匆吃了盒饭又奋笔疾书,当天就将回信发给刘峰松。毛江森感慨地说,与新病毒病的斗争难以毕其功于一役,与病毒病的斗争任重道远,科学判断和争取时间是最重要的。

热潮中的冷忧思

"非典"来势汹汹,全国各地严防死守。各地的卫生医疗、研究机构纷纷开展"非典"病毒研究的现状让毛江森十分担心。在接受新华社记者采访时,毛江森神情严肃地反复提醒,国家和各级行政主管部门要加强对含"非典"病毒材料的管理,严防病毒外泄,避免对环境造成再次污染。

自从"非典"暴发后,各地的众多科研机构都在进行"非典"病毒的研究,并不断有成果出现,这种勇于探索的精神令毛江森感动。但是这位从事病毒学研究40多年的中科院院士同时也担心,现在研究"非典"的机构过多,如果不对含病毒材料的保存、运输和使用加以严格管理,将对"非典"的防治工作构成很大威胁。他说,在医学研究的历史上,就曾出现过病毒泄漏的情况,其后果是十分可怕的,教训也十分深刻。

据毛江森院士介绍,分离出来的病毒和人工培养得到的病毒都具有很强的传染性,因此他建议有关部门将"非典"作为烈性传染病,加强对其病毒的监控。等到对"非典"的研究有了一定的成果,人们能将"非典"控制在一定范围内的时候,再降低对它的监管级别。

毛江森院士特别强调，开展病毒研究的机构应有较高的"硬件"和"软件"条件，目前众多研究机构一哄而上的现状让人忧心忡忡。他说，只有具备一定的"硬件"设备，才能保证研究工作的正常开展；同时，研究机构还必须拥有一套完备而细致的操作规程，划分职能，明确责任，如病毒的存放需要专人负责，定期检查，并做相应的记录。

曾任浙江省医学科学院院长的毛江森院士指出，加强对含病毒材料的管理不仅要依靠各研究机构的自身建设和完善，还需要大力发挥政府主管部门的监督管理职能，做出相关的强制性规定，迫使一些条件不符合要求的机构退出这一领域。

毛江森还特别提醒，源自实验室的病毒是已经在人群中传播过的病毒，如让其在人群中反复流行，将为病毒适应性变异提供更多机会，后果堪忧。

毛江森对新华社记者的讲话在新华社内参发表后，国务院总理温家宝作了重要批示，要求重视这个问题，采取切实措施。批示转给了国家科技部部长徐冠华。

然而，不幸被毛江森言中，他的担心在时隔11个月后成了现实！"潘多拉魔盒"被人打开了——

2004年4月23日，北京发现一例SARS病例，次日，卫生部公布病例确诊，患者是北京市健宫医院的一位李姓护士。几乎同时，安徽也出现了两例SARS病例——安徽医科大学的学生宋某和她的母亲。北京不久又公布一位在中国疾病预防控制中心病毒所工作的博士杨某感染"非典"。杨某和宋某都曾在中国疾病预防控制中心病毒控制所进行过研究工作，而首例患者李某则是曾护理宋某的护士。

7月1日,卫生部召开中国疾病预防控制中心干部职工大会,通报2004年北京、安徽"非典"疫情发生原因和责任追究情况。调查认定,这次"非典"疫情源于实验室感染,是一起因为实验室安全管理不善,执行规章制度不严,技术人员违规操作,安全防范措施不力,导致实验室污染和工作人员感染的重大责任事故。卫生部决定,对负有重要领导责任的中国疾病预防控制中心主任、分管副主任分别给予行政记过、记大过处分,并同意其辞去主任、副主任职务;对负有主要领导责任的病毒控制所所长、分管副所长和负有责任的腹泻病毒室主任给予撤职处分。

2004年7月2日,全国各大新闻媒体都报道了一则消息,称卫生部公布当年春天"非典"调查结果,中国疾病预防控制中心两名负责人引咎辞职。

中共中央政治局委员、国务院副总理吴仪在会上强调,要认真吸取教训,提高对生物安全重要性的认识,采取有效措施切实加强实验室生物安全管理和疾病预防控制工作。吴仪强调,加强实验室生物安全管理是当前一项重要而紧迫的任务;要抓紧制定实验室生物安全管理法规,依法加强安全管理;要增强安全意识,完善规章制度,加强实验室规范化建设,把实验室生物安全管理责任和措施落到实处,消除安全隐患;要改善科研条件,严格执行科研人员健康监测报告制度,落实定点医院治疗办法,有效保护科研人员健康安全,防止疾病扩散。

吴仪要求卫生部和科技部在全国范围内开展实验室生物安全管理大检查。各有关单位要认真查找自身存在的安全隐患,举一反三,及时整改,加强监督管理,切实改进工作。广东卫生科研人员要认真学习、自觉遵守实验室生物安全管理规定,严格按照操作规程和技术规范开展工作,提高安全意识和自我保护能力。

难怪新任中国疾病预防控制中心主任王宇感言工作责任重大，他说目前疾控和公共卫生事业建设离国家要求和疾控工作实际需要还有较大差距，既有硬件改善的工作，又有管理上要调整、规范和强化的任务。

超前的警告

与其说是冥冥中的预感，毋宁说是科学的预见性。2002年5月28日至6月1日，中国科学院第十一次院士大会在北京人民大会堂隆重举行，中央领导出席会议并讲话。5月30日下午3点20分，在中国科技会堂举行的面向社会开放的生物学部学术报告会上，满头银发的毛江森院士健步走上报告席，作了以《病毒病的生态性控制与治疗》为题的学术报告，全新的视角让人耳目一新。他从历史回顾开始，让大家看到了病毒对人类的严重危害，触目惊心的事例让在场的听众无不动容。他还一一列举了近20年新出现的病毒病，深入分析了病毒逃脱人类监控的主要机制，并预测新的病毒病将会出现。

他说，病毒病对人类的危害很深，天花、流感、麻疹、黄热病、病毒性肝炎曾使大量人群死亡。虽然消灭了天花，控制了多数病毒病，但近20年来，新的病毒病不断出现，病死率高，有的为人、动物共患，病毒依然威胁人类生存。病毒在演化过程中，发展出逃脱人类监控的许多机制，难以预防和治疗。疫苗是最有效的对付办法。对病毒基因结构、发病和免疫机制的认识是研发疫苗的基础。疫苗种类繁多，它诱导机体产生体液免疫和细胞免疫，后者亦有治疗作用。我国是疫苗生产和使用大国，疫苗是健康的盾牌。继续扩大研制，提高工艺水平，发展高纯度的疫苗十分重要。

病毒病的防治任重而道远。

毛江森旁征博引、纵横捭阖的学术报告再一次向人们敲响了警钟，博得了如潮的掌声。

而在2003年4月25日，毛江森在接受新华社记者采访时提醒：人类应与野生动物保持一定距离。捕杀野生动物，驯养野生动物，将野生动物用于实验，破坏野生动物栖息地……针对人类的这些举动，毛江森郑重地提出警告，许多野生动物体内存在大量病毒，这些活动将会使原本只存在于野生动物体内的病毒侵入人群中。

毛江森介绍说，从以往的病例来看，这些病毒往往潜伏在野生动物，特别是啮齿类动物和灵长类动物身上，一旦条件成熟，就可能侵入人群中。一些病毒对动物的致病性很低，但对人类有很高的致病性，甚至有很高的病死率，黄热病、埃博拉出血热和艾滋病就是典型的例子。最初，这些病毒只在动物中传播，而且死亡率非常低。后来由于人类涉足原始丛林，病毒就传给了人类。黄热病曾在西非发生25万人发病的大流行，传入美洲后，曾使修巴拿马运河的民工大量死亡，工程被迫暂停。

毛江森院士说，由野生动物传播的病毒一般感染性强、危害性大，人类最初对此往往毫无抵抗力，因此，与病毒病的斗争将是一个长期而复杂的过程。有关部门应对目前众多的野味馆严格管理，禁止捕杀、运输和加工野生动物用于餐饮业。

动物的"报复"

在原始社会，人类为了生存而茹毛饮血，可是进入现代文明社会，有的人喝着洋酒，吃着山珍海味，又想着吃野味。有人调侃说："现在的人，有毛的除了鸡毛掸子，有腿的除了桌凳，什么都敢吃。"在一片蔚蓝色的天空下，一只天鹅在尽情地翱翔，它不知道有一双贪婪的眼睛正盯着它，一根黑洞洞的枪管正对着它，突然"砰"的一声枪响，天鹅的两只翅膀无力地摆动了几下，终于慢慢地落下来了，猎人兴高采烈地跑上去收拾"战利品"……有人吃了各类鱼后还不满足，竟然把活泼可爱的金鱼也烧了吃；一只可爱的猴子被铁圈固定在挖空的桌子中间，只见围着的人伸长脖子，有人用锤子在猴子的头顶上轻轻一敲，猴子的头盖骨应声而落，于是大家争先恐后地用勺子吃起了猴脑。这些缺乏人性的残酷场面就出现在山珍野味餐馆。人们大谈野生动物的美味时，畸形的虚荣心得到了前所未有的满足：这可不是人人能够享受的！于是野味馆应运而生，一度星罗棋布。一个从国外（发达国家）回来的人说，那里的人对待动物就像对待朋友一样，不会伤害它们，中国有些人怎么就忍心去捕杀它们，吃它们的肉呢？他感到难以置信。

看着同类被杀，家园被毁坏，野生动物久久无言，它们愤怒的眼睛看着人类，终于有一天，它们对人类进行"报复"了！

2005年12月9日，《健康报》刊登的一篇文章吸引了人们的眼球："2004年广州SARS从何而来？分子病毒学证据'指认'果子狸"。报道称，美国疾病预防控制中心（CDC）最近一期出版的《新发传染病杂志》发表了中国CDC传染病预防控制所与广州市CDC合作研究论文。该研究对2004年在广州发生的2例与果子狸有过接触的SARS患者及其接触环境中的果子狸进行了分子病毒学测定，从中发现SARS病毒从果子狸传给人的分子病毒学证据。中国CDC传染病预防控制所所长徐建国博士说，此项研

究提示，提供果子狸食品的餐馆属于高危场所，从事果子狸屠宰、处理、烹饪的人员和餐馆服务员，属于高危人群。至此，几度反复的SARS元凶可谓尘埃落定。

早在2005年5月19日，《健康报》刊登文章称，美国和喀麦隆科学家近日报告说，他们在非洲中部的猎人身上发现两种危险的逆转录病毒。这两种病毒可能损害人类免疫系统。

研究人员表示，艾滋病病毒从灵长类动物传染到人身上后，已导致数以百万计的人死亡和巨额经济损失。而新发现的两种病毒同样属于逆转录病毒，表明逆转录病毒正在活跃地向人类身上迁徙。逆转录病毒跨物种转移很可能造成"令人难以置信的威胁"。各国应该加强检查那些与灵长类动物接触者，以防跨物种转移的病毒发展成类似艾滋病病毒的致命类型。

研究人员已将这两种病毒命名为人类淋巴T细胞病毒3型和4型（HTLV-3、HTLV-4）。目前，他们还不知道这两种病毒对人类危害究竟有多大，但早先发现的其他类型人类淋巴T细胞病毒能引起严重的免疫系统疾病。因此，他们认为这两种病毒的潜在危害不可忽视。

研究小组在当地收集了900多人的血样，这些人都曾与灵长类动物的血液或体液接触，其中多数人猎杀、屠宰灵长类动物作为野味，也有人将灵长类动物作为宠物饲养。在这些血样中，研究人员发现大量的猿类免疫病毒。这表明病毒正在跨物种转移。而在其中两名猎人的血样中，他们发现了以前从未见过的HTLV-3和HTLV-4病毒。

科学家推测，这两种病毒是从猿猴身上跨物种转移后发生变异而成的。其中，HTLV-3与猿猴免疫病毒STLV-3高度类似，可能是人生狩猎过程中与猿猴密切接触而得。HTLV-4病毒没有相应的猿猴免疫病毒，可能是由某种未知的猿猴免疫病毒发展而来。

噩梦后的思考

如噩梦般的"非典"灾难过去将近3年，每当想起当初与"非典"决战的日子，毛江森仍然感到有许多话要说。他说，一定要真正地以科学的态度对待科研，不怕把工作做细，这样才不会像当初确定"非典"的病原时那样匆匆下结论。就全国而言，前期工作失误是"非典"大流行的主要原因。科学家要有刚正的性格，勇于说真话。信念铸就未来，有突破才能有成就。

毛江森平静的话语，在我们听来却有如洪钟大吕，在耳边久久回荡。

（应向伟、吕国昌、徐裂，2006）

黄土地不会忘记

"道德激情让我不顾个人安危,而科学精神和科学方法给了我解决难题的钥匙。"

——提到自己的人生,毛江森如是说

能够成为一名科学家,用自己的学识和思考浇灌出新的智慧之果,甚至成为人类文明的推动者之一,是很多人梦想的荣耀。可是,很少有人去思考这么一个命题:什么样的人,要经过怎样的历练才可以成为一名科学殿堂的佼佼者?

毛江森院士,我国甲肝疫苗的研制者、干扰素研究的开创者、中国科学院院士、浙江省医学科学院名誉院长、病毒学专家,应该是回答这个问题很好的人选。面对这位年过花甲的老科学家,我们不禁揣想:当他进入知识之林时,怎样的生命原则和性格品质使他可以最终登上科学高峰呢?科学家的特质又是怎样让他生命路途中的一个个鲜为人知的故事熠熠闪光的呢?它们不一定与甲肝疫苗和干扰素有关,但一定有一种关联……

一个女医生的追忆

距离杭州2000多公里的甘肃省现有人口2700多万，土地面积只有浙江省的一半。近些年来，浙江商人的足迹遍布甘肃全省，现在有12万的浙江商人在甘肃经商办企业，还专门成立了浙商联合会。可是，沿着历史的长河走回到30多年前，当甘肃还是人烟稀少、几十里难得看到人家时，江南的毛江森院士，就已与祖国西北的这片黄土地结下了不解之缘。

为了寻找当年的故事，追寻那一段不能忘却的情怀，我们不远千里，从江南城市杭州，坐飞机来到甘肃兰州，想从毛江森院士当年在甘肃工作时候的老同事那里听到这个故事。这是一个真实的故事，一个令人感动的故事。

一个冬日的下午，我们从还是山温水暖的江南来到严寒的兰州。尽管已经是"全副武装"，可冷风还是直往身上灌，我们一路哆嗦着来到了位于黄河边的兰州陆军总医院家属院，敲开了一位女医生的家门。"你们到了啊，我给你们开门！"随着一声亲切的招呼，我们找到了此行的目标——30多年前和毛江森院士在甘肃共事多年的白莉。这位头发已经花白的慈祥长者，亲切地把我们迎进门，温暖的笑语和屋内的暖气一起包围了我们，屋外的刺骨寒冷感此刻一扫而空。

白莉就是我们此行采访的第一对象。她是辽宁人，1966年毕业于北京医科大学公共卫生专业。从此，白莉一直在甘肃省城兰州从事流行病学的临床和科研工作，其间担任过甘肃省卫生防疫站流行病科副科长等职务，评上了主任医师职称，并享受国务院特殊津贴，1999年退休后把家安在兰州。讲起过去，白莉一下子就好像回到了那个理想主义的年轻岁月。她

1966年大学毕业后就响应"到祖国最需要的地方去"的号召，自愿来到甘肃。到了甘肃省卫生防疫站，白莉还挺不高兴，她想到最基层去，到最艰苦的农村去，几次提出申请都被领导打回了，领导告诉她："一个女孩子到乡下去太辛苦了，我们不同意。"

当我们告诉她毛江森院士最近的工作生活情况以及毛院士在研究领域的成就时，白莉听得非常认真，眼里不时掠过几分惊喜，神情很是欣慰："啊呀，毛江森是个好人啊！"我们说此行的目的就是采访了解她的老同事毛江森30多年前在甘肃的生活工作情况。

她感叹说，30多年了，很多事都已记不清，但是与毛江森在一起工作的日子是记忆犹新的。白莉明年就进入古稀之年了，可是她的思路依然很清晰、活跃。谈到毛江森，她的话匣子一下子就打开了。在白莉亲切的嗓音中，时光缓缓倒流回到30多年前。

20世纪70年代初，在那个特殊的年代，北京许多专家被下放到西北边陲，去"接受教育"。许多医学界的权威在这股下放浪潮中来到了甘肃，其中就有毛江森和他的家人。那时的兰州火车站，饥寒交迫的人们，背着一个个旧包袱等待着火车。为了生存，他们过着流浪般的生活。大学毕业后在中国医学科学院工作的毛江森带着妻子和一个孩子从这个火车站走出来，来到了甘肃。

那时候的甘肃省大部分地区人烟稀少，几十里地都几乎没有人家，难得看到的农民房子也是低矮的泥瓦房。1970年，街头到处都是标语，贴的、刷的，虽然经历过风雨的侵蚀，依然爬满墙头，在西北的寒风中依稀可辨。在那样的时代背景下，农民生活困难，经济窘迫，生了病也不敢上医院，小病扛，大病拖，拖到实在没办法了才上医院，结果往往因为延误了最佳治疗时机而挣不脱死亡的纠缠。

和下放甘肃的大部分医学专家一样，毛江森被分配到了公社卫生院。在那里医疗仪器只有老三件：听诊器、体温表、血压计。不能做实验，也不能做稍大点的手术，看病全凭经验，英雄无用武之地。每当看到一个个鲜活的生命被迫离开亲人，这些下放的专家们都不禁流下伤心的泪水。他们虽有一手好技术，可是农民有病不能及时就医，医院医疗设施又差，交通落后，给病人的救治带来了很大的困难。

在那样的环境下，毛江森把许多大学时代的梦想深藏在心里。白天，他积极地与人交往，很快与当地人打成一片。但是，他的烦恼在每个不眠之夜等着他。

毛江森曾对白莉等同事讲起过这样一个细节。他也曾在漫漫的长夜里独自望着天花板发呆，想这样的日子何时是个尽头，辗转反侧，实在难以入睡。善良的妻子一觉醒来发现丈夫还没有入睡，不禁心生怜意：是啊，从繁华的北京迁到艰苦的大西北农村，虽是形势使然，毕竟意难平啊。可是转而想到有那么多人与家人天各一方地生活，甚至还有很多人经历了生离死别的痛苦，我们总还算是没有什么牵挂，一家三口都团聚在一起，能享受到天伦之乐。想到这里，她内心的痛苦也就慢慢地减轻了，她轻声地对丈夫说："别想那么多，以后总有机会改变的嘛，要不我们以后回到你的家乡浙江去，那边还有父母需要照顾。"听了妻子的话，毛江森心里涌起一阵酸楚，眼睛湿湿的。他知道自己要流泪了，想开口，只觉得声音都哽咽了，他明白妻子是跟随自己到大西北，无处放飞心中的理想，曾经描绘的美好蓝图都不知什么时候才能变成现实，他怕妻子伤心，只好用力地点点头，别过身去……

可是到了白天，公社卫生院仍旧那么空，没有什么病人，也没有做实验的条件，日子还是沉闷而看不到希望，有时候白天跟黑夜一样漫长。

时光在烦闷和抑郁中匆匆飞逝。

1974年的一天，太阳的余晖正懒懒地洒在卫生院的院子里，几个医生和护士正在聊着病人的病情，卫生院里唯一的手摇式电话机也是懒洋洋地趴在桌上泛着黑色的光。突然，一阵铃声划破冷清孤寂的空气，气氛似乎一下子变得紧张了，因为农村的卫生院里很少有电话，即使有，一般也是县里打来的，一有电话就说明出大事了。

"叫毛江森听电话！"电话那头的语气生硬而急促。

毛江森赶紧接过电话，对方说："请你马上到陇西的福星公社集中，要去调查庞家岔村儿童死亡的事情。"

"你说什么？死人？"毛江森屏住了呼吸，想再听一点详细情况。不料电话那头只是说："来了再说，马上！越快越好！"接着就挂断了。

毛江森简单收拾了一下日常用品，向领导报告了情况，就匆匆上路了。路上碰到一个相熟的拖拉机驾驶员，驾驶员热情地招呼他，让他搭车到公社。

毛江森一进公社门，发现县领导和县医院的人，以及病人家属们早就焦急地聚集在这里了。看着他来，他们好像盼到了希望。领导神情严肃地说："陇西发生了'出血热'（一种病毒性疾病），已发生了数例病例死亡，请你们调查处理，同时还有省防疫站的一位工作人员参与调查。"

人命关天，毛江森一行当天就到了陇西，接待他们的是县"革命委员会"（后文简称"革委会"）主任。"革委会"主任看到毛江森立即迎上前来，紧紧地握住了他的手。

时间对挽救生命来说显得特别珍贵，没有更多的寒暄，"革委会"主任立刻带着毛江森来到县人民医院，路上一边走一边给毛江森说明发病的情形：最近一个多月，陇西县福星公社庞家岔大队的小孩接二连三死去，死时的共同特征就是口鼻流血。"革委会"主任曾经指示县防疫站调查，不少人调查后认为是出血热，特征也是符合的。可是这次死的全是小孩，极度的悲痛和巨大的恐惧袭击了整个村庄，死者家属和病人家属要求查明病因。

整个庞家岔大队笼罩着悲凉的气氛。光秃秃的田头地角上垒起的一座座新坟，在肃杀的冬季显得更加刺眼，号哭声不时地从村里传出。

"革委会"主任在巨大的压力之下，最后决定请示上面，请北京来的专家进行会诊，毛江森就这样被请来了。

到了县人民医院，七八个怀抱小孩的妇女把毛江森他们团团围住。毛江森在妇女们的哭诉声中仔细察看小孩的病情，看到小孩个个肤色灰黄，有气无力地把头靠在妈妈的肩上，毛江森的同情之心油然而生。这可都是一个个鲜活的生命啊，都是母亲的心头肉。且不说他们中有人将来也许能成为科学家、商人，会做出一番大事业，至少，他们也是父母的精神依托啊。这些小孩不哭不闹，也没有发热，臀部注射青霉素的针孔用胶布粘着，一撕开就流血不止。怀抱病儿的妇女们脸上愁云密布，她们一个劲地问毛江森："大夫，娃咋啦？咋办呢？"

当晚，毛江森彻夜未眠，显然这不是病毒性出血热，但到底是什么病因呢？是汇报这不是病毒性出血热了事呢，还是留下来帮助做一些病因调查？如果选择前者，可以明哲保身，也算是有个交代了；选择后者却有政治风险，已经有不少医生认为这是出血热，他说不是就等于发表不同的观点,如果还想弄清楚真正原因,意味着要担负更多的责任。俗话说隔行如隔山,毛江森不是临床医生,也不是血液病专家,在治疗这种出血性疾病方面他是外行,况且毛江森当时还在"接受教育"。"文化大革命"后期,人人自危,一旦说错,后果不堪设想。

但是,每当毛江森闭上眼睛,奄奄一息的病儿、愁苦无助的妇女又浮现在他面前。"娃咋啦?"的询问声撞击着他的耳膜。

科学工作者的道德良知最终战胜了心理上的恐惧,让他鼓起了勇气。第二天一大早,毛江森匆匆洗过脸,用过早餐,就向县"革委会"主任汇报:"这不是病毒性出血热!""革委会"主任吃惊地问:"啊?真的?那这是什么病?是什么原因引起全县这么多人发病?"毛江森认真而谨慎地回答:"我不是出血热疾病专家,不能马上判断是什么病,也不能立即肯定是什么原因引起的,但是如果你们信得过,我们可以留下来,做几天调查,看看是什么原因。"县"革委会"主任看毛江森愿意留下来,焦急之中又带有一丝欣慰。

一同去调查的还有白莉。调查是挨家挨户进行的,可是并不顺利。"死者长已矣",失去了小孩的家庭都沉浸在悲痛之中,有些家庭对调查很不配合,甚至扔过来一句:"人都死了还调查什么?"

在困难和委屈面前,毛江森有一股"认定的事就要干到底"的决心。他想了很多办法,对于不配合调查的家庭,他们采取区别对待的方法,有的让大队干部去做工作,有的动员他们的亲戚做工作,还有的则自己多次上门做工作,晓之以理,动之以情。在毛江森和白莉他们的不懈努力下,最后,这些家庭都愿意配合调查了。

毛江森在调查中非常讲究分门别类,包括各种相关因素、信息的收集、分析、对照和比较，以及初步的统计分析。经过几天认真细致的调查，他们得出了一个因素相关性分析的结果。随着调查的步步深入，真相渐渐浮出水面。在一切将要水落石出之际，毛江森感到的不仅仅是欣慰，还有沉重。因为根据毛江森他们的调查结果显示：陇西出现的出血性疾病与当时人们吃国家返销粮有关！

对于陇西县这样一个年年缺粮的地方来说，返销粮意义大如天。调查一旦出现差错，后果不堪设想。何况这份调查只能说是有相关性，还不是最终的证明。

结果，毛江森又度过了一个不眠之夜，搞科研的他一直怀有一颗科研报国的忠心，并不想在政治上有什么作为，何况现在他是"教育"的对象，讲话处事都得非常小心。"与吃返销粮有关"，这可不是随便说说的，该如何向县"革委会"主任汇报？何以证明？不是有句话说"大胆假设，小心求证"吗？可现在是国家的返销粮啊！民以食为天，万一汇报失误，后果严重啊，现在自己是"挈妇将雏"啊！

陇西县由于年年缺粮，老百姓吃的都是国家的返销粮，要证明"出血病"和返销粮有关，最直接有效的办法就是暂停吃返销粮。毛江森如果提出停吃国家返销粮，这个问题的严重性实在是他所不能承担的。但是，科研工作者的道德良心让他无法回避这个问题，那可是关系人民群众生命的大事啊，民以食为天，可食以安为先啊。一想到这些，瘦弱的毛江森忘掉了个人安危：一定要如实汇报！否则我对不起良知和老百姓！只要对百姓有利，个人的祸福安危实在是顾不得了。

第二天，毛江森怀着忐忑不安的心情，与同来调查的白莉跨进了县"革委会"主任的办公室。推门进去，"革委会"主任就着急地问："调查

得怎么样了？"毛江森没有回答，而是急切地问道："他们吃的绿色发霉的玉米是不是国家的返销粮？"主任若有所思地说："我们县年年吃国家返销粮，玉米是从东北经十天十夜运到陇西的，路上难免日晒雨淋，运到这里又没有好的仓储设施，是有部分会发霉的，可现在是'饥不择食'啊。"说完这句话，"革委会"主任重重地叹了口气，用期望的目光看着毛江森。

实际上，通过调查，毛江森对吃返销粮的来龙去脉已经了解得很清楚了，只是为了让"革委会"主任思想上有个缓冲才先问了这个问题。看到"革委会"主任不但没有对这个问题表示反感，眼里还流露出不解和期盼，毛江森大着胆子汇报说："我们的调查分析结果说明，吃这种发霉的玉米与'出血病'高度相关。""革委会"主任显然疑惑不解："娃娃又不吃粮食，为什么病的大多是娃娃？"毛江森耐心细致地分析："可能这种来自发霉玉米的毒素可以由母乳传给婴儿，婴儿血凝机制尚未健全，所以易被毒素破坏而导致内外出血，甚至死亡。"

好在主任是个非常开明的人，听得进专家的意见，他沉思了好长时间后问："那怎么办？"毛江森最想听到的话终于从主任的嘴里说了出来，他心里一阵激动："我现在只是说陇西'出血病'与返销粮高度相关，但还没有得到证明。要证明这个推测，我建议全县停吃返销粮一个星期，再观察结果。"

建议一出口，毛江森紧张起来，心跳加快，急待"革委会"主任的决断，甚至不敢看他的眼睛。沉思片刻后，"革委会"主任大手在桌上一拍，果断地说："我同意你的建议！"

于是，在这次对话之后，陇西县停吃返销粮一周。终于，奇迹出现了！在停吃返销粮的一周内，陇西县没有新的出血性疾病发生，也没有新的死亡病例发生。

当时全县的干部群众只知道停吃返销粮的决定，也知道这个决定实施后产生的奇迹般的效果，可他们大多不知道，这个决定是县"革委会"主任在他那间并不豪华的办公室里听取了毛江森的建议后作出的。

"术业有专攻"，毛江森虽然查证了病因，但在血液病治疗方面，他始终是外行。所以，他又回到兰州，向领导汇报。省政府派了微生物专家去陇西，从已发绿霉的返销粮玉米中分离出一种会破坏血凝的毒素镰刀菌，最终得出了一个科学的结论。

毛江森常说，道德激情使他不顾个人安危，而科学精神和科学方法给了他解决难题的钥匙。陇西事件就是一个生动的注解。

陇西"出血病"事件之后，毛江森从公社卫生院调到省卫生防疫站。直至离开甘肃回到浙江，毛江森与白莉都在同一个办公室。在卫生防疫站，白莉是副科长，毛江森是她的下属，但是她一直把毛江森当老师。在白莉的眼里，毛江森工作、科研态度十分严谨，可在生活中又充满情趣，待人很随和。

白莉说毛江森很有学问，学的是医学，可是他对文学也挺有研究。有一次他们出差到西安，毛江森提出抽空去看西安碑林，到了碑林，他不厌其烦，从头到尾认真地给不懂古诗文的白莉介绍了一遍。

在我们快离开白莉家时，白莉想找一张照片，她说："过去都没有人拍摄照片，1976年唐山大地震，我们省派医疗队支援唐山灾区，毛江森就是派出的医疗队员之一。在唐山，毛江森因为工作劳累，不小心摔到一个坑里，手上被破损的瓷片划开了一道长长的口子，由于灾区医疗条件有限，就由随行的一位护士给他缝针，有人特地给他拍摄了一张照片。"

这是白莉唯一保存的毛江森的照片,可是找了好久都没有找到。她不好意思地说:"前阵子我还看到过呢,不过不会丢的,等我找到再给毛江森寄过去吧。"

岁月悠悠,流走的是光阴,流不走的是人们的敬佩之情和思念之心。

重走陇西路

告别了白莉,我们忍不住想到陇西去走一走,看一看。遗憾的是,近来身体状况欠佳的白莉无法陪同我们去陇西。

白莉无法共同前往给我们的陇西之行打上了一个大大的问号,我们能否顺利寻访到毛江森院士当年的足迹呢?俗话说"三十年河东,三十年河西",世事更迭,30多年过去了,如今单位的人员全都换了,当年与毛江森一起下放到甘肃的专家都基本上离开了,还有的已经作古。此行困难重重,但是带着对毛江森院士的崇敬之情,我们义无反顾。

除了故事本身,我们基本上没有什么线索,也没有什么把握。只是托朋友租了辆车,就踏上了重走陇西路的漫漫征程。

出发后,我们开始整理得到的关于陇西的资料。陇西以地处陇山以西、渭水之滨而得名。秦时建制三十六郡,这里就是陇西郡所在之处,历代兵家必争之地,甘肃简称"陇"就以此处得名。事实上,这个现在看起来不大的地方,一直到17世纪,都是甘肃地区的军政文化中心,西出长安的第一大军政文化重地,古代丝绸之路上的重镇。这个如今默默无闻的西北边城,早在新石器时代就已留下人类的文明遗迹,它沐浴在中原文化和西域文化八面来风中,几千年来有了深厚的文化积淀。中华李氏于此发祥，它是所有李姓溯流求源时的母地，是一座声闻海内外的千古名城。但是，在20世纪70年代，由于种种原因，这里却是有名的环境恶劣、贫困闭塞的地方……

出兰州后我们走了一段高速公路，就上了山路，一路上白雪皑皑，山道弯弯，路边的小白杨在顽强地生长着。驾驶员告诉我们，西北缺水，别的树很难生长，只有小白杨才能生存下去。他接着问："你们读过茅盾的《白杨礼赞》吧，里面写的就是我们西北的小白杨啊。"

噢，是的啊，坚强的白杨！虽然环境恶劣，但这也不能阻止它不屈不挠地向上生长，坚持自己的方向。我想，我们的毛江森院士不也是一棵坚强的白杨么？在祖国的大西北，不管环境多艰难，他依然克服重重困难，坚持自己的道德和良知，用科学审慎的态度挽救了无辜的生命。

一路想着谈着，我们到了定西市政府，接待我们的是市政府的副秘书长陈国栋。他知道我们的来意后，显得很高兴："真是没有想到，中科院院士与我们陇西还有这样的故事！这说明你们浙江与我们陇西有缘啊！"他虽然很忙，可还是抽空给我们介绍了浙商要在他们市投资办企业、市场，开发房地产的情况。他还告诉我们，他曾到过杭州，参加过西湖博览会，说着说着我们的距离拉近了，不再感到陌生。

陈国栋的办公室比较简单，是20世纪80年代建的，不久前办公楼的外墙装饰了一下，办公室里有两盆绿色植物，增添了不少亮色。办公桌是最古老的那种，上面还有裂纹。陈国栋显然看出我们的疑惑，笑着解释说："我们这里经济比较困难，改革开放后好了起来，但是由于基础薄弱，我们要把钱用到最需要的地方，行政办公条件的改善就放到后一步了。"

看到我们对定西市这么感兴趣，陈国栋又滔滔不绝地介绍开了："定西市在甘肃来说经济相对落后，国家领导人很关心重视，历任国家领导都到过我们这里，有的还在这里住过，他们访问过的困难家庭在上级的关心照顾下现在都已经脱贫致富了。"

陈国栋很热情地帮我们联系了陇西县委、县政府，见识过这些陇西地区人的为人作风以后，我们在往陇西赶的时候心里比之前踏实了许多。越往陇西行，路况越差，有些路面上还结着冰，一路上车开得很慢。

陪同的人怕我们路上乏味，一路给我们介绍：陇西县位于甘肃省东南部，是古丝绸之路和新亚欧大陆桥的必经之地。现在全县有约50万人口，素有"西部药都""工业重镇"之称，陇海铁路横贯东西。"千年药乡"积淀了丰厚的中医药文化，独特的自然气候，使其出产多种优质中药材，党参、当归、红芪与黄芪已成为地方名产。在21世纪初的发展中，随着国家西部大开发战略的实施，甘肃省委、省政府在贯彻中央关于开发建设西陇海兰新线经济带的决策时，提出要把陇西建成东承天水、西接兰州的中等城市，成为西北最大的中药材交易市场和信息中心，甘肃重要的铝加工基地、中药材生产加工基地；定西市委、市政府提出要把陇西建成主业突出、特色鲜明的陇中区域经济中心，为陇西的发展规划了新的蓝图，也为陇西的发展提供了难得的机遇。

如今陇西在经济、教育、科技等方面都发生了巨大的变化。大市场、大流通让陇西不再寂寞。该县近几年还荣获全国文化、体育、科技、教育"两基"（"两基"是基本实施九年义务教育和基本扫除青壮年文盲的简称）工作先进县和妇幼卫生工作先进县的称号。

听着听着，我们已经很难把印象中的"20世纪70年代黄土高坡风沙漫漫、人迹罕至的西北"与现实联系起来了，现在的陇西与30多年前相比发生了翻天覆地的变化。

到了陇西已是傍晚时分，县委、县政府的领导热情地接待了我们，虽然现在的当地党政领导不可能了解30多年前这里发生过的事情，但是听说了中科院院士当年与陇西的故事之后，县委书记、县长，还有副书记、副县长都表现出浓厚的兴趣，他们决定第二天上午由一位副县长带领我们去疾控中心找主任了解情况。

第二天，一位姓高的女副县长带我们去了县防疫站，有心的她特地在头天晚上找了一本《陇西县志》带来。她说："县志上有一些记载，但是记得不够详细。"我们看了县志，发现虽然记载得语焉不详，但算是一条珍贵的线索，让我们一阵惊喜。

陇西县疾控中心位于西大街52号，2003年经县政府批准由原县防疫站组建，现有2000多平方米的综合实验楼和业务辅助用房。

现任的县疾控中心主任用西北人的热情和豪爽接待了我们。他给我们介绍了陇西县防疫站的基本情况：防疫站成立于1956年12月，原址位于县城东大街的中医联合所内。后几经分合，1972年初又恢复了县防疫站，并从原址迁到了西大街，当时有站长1人、职工8人，主要业务是报告疫情、防治传染病、分发疫苗、下乡宣传等。可是当年的工作人员都已经不在单位了。

正在我们苦于失去线索时，站长突然说："有！还有一位叫张克圣的人是从防疫站退休的，就住在附近，我想他可能会知道当时的情况！"

站长一边马上派人去找张克圣，一边忙着找历年陇西传染病发病及死亡情况资料。

正找着,张克圣到了,他戴一顶呢帽子,脸上带着友善的笑容,身体显得还挺硬朗。他一听我们提起当年的事,马上肯定地说:"是有这回事!"

他告诉我们,当时防疫站设备很落后,1972年县防疫站第三次成立后不久就发生了食物中毒,开始以为是"出血热",死了不少人,县里人心惶惶。后来毛江森查出了真正的中毒原因,终于斩断了死神的魔爪,挽救了许多人的生命。虽然当时有一些得过病的人到现在走路仍旧一瘸一拐的,可总算把命保住了!张克圣说着说着,语气凝重起来,眼中闪着泪光。

张克圣老人说:"当年的事情,毛江森是做出了很大贡献的,要不是他,还不知要死多少人呢!我最佩服的就是他既懂业务,又敢讲真话。"

通过张克圣老人的叙述,我们勾勒出了当年发生食物中毒时的情景。突然一个强烈的观念产生了:科学判断力是多么重要啊,不论是天灾还是人祸,如果没有科学判断力,失之毫厘,往往会谬以千里。科学的判断力影响着科学的决策。然而也只有真正具有道德良知和勇气的人才能将这种科学判断力发挥出来。

我们不由地想,也正是因为毛江森院士有科学精神,后来才会有造福千万人民的甲肝疫苗这样的"奇迹"诞生。奇迹并非偶然,奇迹产生于一颗装满正义感、道德良知和科学精神的心。

尽管我们与陇西县领导是初次相识,他们与毛江森也从未谋面,甚至可能不知道毛江森就是大名鼎鼎的甲肝疫苗研制者,不知道他在30多年前还与陇西有这样的一段缘,但是他们热心地帮助我们。当告别陇西的时候,县领导和县疾控中心的负责人再三要求我们替他们在毛江森院士方便的时候，带着他们的盛情，带着陇西人民的思念，去看望毛江森院士，问候他一声。

就这样，我们带着毛江森院士的故事，满怀着感动，告别了陇西，踏上了回兰州的旅途。

埋头搞科研工作的毛江森院士没有时间再回陇西去看看当年熟悉的黄土高坡，睡一睡农家土炕。但可以令他感到欣慰的是，正是由于他的科学判断力和道德良知，及时挽救了一大批生命，陇西人民不会忘记，黄土地也不会忘记……

（应向伟、吕国昌、徐裂，2006）

抉择

人是走向永恒的旅人，人在旅途，会面临很多人生十字路口的艰难抉择，生活、爱情、事业……抉择就意味着放弃，也往往伴随着风险。抉择是痛苦的，有时会经受心灵的煎熬。毛江森在人生道路上挥洒着青春与激情，谱下的是无悔的乐章。

做人民健康卫士是他的志向

1933年1月的一个夜晚，春寒料峭。

浙江省江山县一个农民家庭，一个男婴呱呱坠地。顿时，院子里充满了喜庆气氛。随后，四邻八舍纷纷上门祝贺，直夸孩子长得面相饱满、活泼可爱，将来一定有出息，能吃上"公家饭"——对于那时的乡民来说，吃上"公家饭"就意味着生活有保障甚至富裕，就是贫寒家庭对孩子最大的祝愿和梦想。谁也没有想到，这个山沟沟里的孩子几十年后会成为国际公认的"甲肝克星"，成为中国科学院院士。他，就是毛江森。

虽然父母识字不多，可是毛江森从小聪明伶俐，惹人喜爱。他5岁就上了本村小学，小学四年级后，他转到离家5公里的镇里住校学习。虽然生活条件很艰苦，但是他的学习成绩在班里一直数一数二，老师也十分喜欢他。

1949年，中国结束了苦难的历史，翻开了崭新的一页。而少年毛江森也跨进人生的新阶段，他考入了浙江省立杭州高级中学。这是一所为许多人向往的著名高中，老师们精于教学，勤于育人，曾经培养出像徐志摩、郁达夫等现代文学大师；在浓郁的人文底蕴上，该校有着严谨踏实的学风，当时物理、化学和生物都已经开始注重实验教学。在这里受教的同学们不仅打下了基础教育的扎实功底，而且很多人在此立下雄心壮志，踏上了曲折而辉煌的人生之路。这样的学习环境让毛江森如鱼得水。在中学期间，他对历史、地理很感兴趣，而数学和物理简直让他入迷——数理方程与不等式、力学、光学、电磁学，对毛江森来说都充满着无穷魅力，解题到深夜对他来说是一种乐趣。

1951年，毛江森及同班同学都各自考取了著名高等学府。让大家惊讶的是，毛江森居然没有选择数理专业，而是考入了国立上海医学院。提及这个对自己一生至关重要的抉择时，晚年的毛江森仍然那么坚定。他至今还清楚地记得，由于家境贫寒，孩提时营养不足，身体虚弱，生病了，母亲就在天井里架起梯子为他"招魂"，这样近乎愚昧的做法很大程度源自生活的窘迫。农村缺医少药的地方还算是好的，许多地方往往是无医无药，小病只能熬、拖。被农家看成奢侈品的鸡蛋自己舍不得吃，要卖掉换点油盐。患病卧床，鸡蛋就成了最好的营养品。家乡的无医无药，家人及自己的病痛经历促使这个胸怀壮志的少年对自己的人生作出了第一个决定——他的志向，就是做一名人民的健康卫士。

毛江森考入的国立上海医学院是一所学风十分浓厚的学校，大家都很努力刻苦，抢占图书馆内有限的座位成为学生每天晚饭后的头等大事。毛江森在学校时对生物化学及神经内科学很感兴趣，成绩优异。毕业后，毛

江森被分配到中国医学科学院病毒学系从事科研工作。毛江森对病毒学开始做了一些研究，深入这门当时还是新兴的学科中时，他喜欢上了这门基础研究内涵丰富又有巨大实际用途的学科。研究工作引人入胜，渴望得到新的成果成为毛江森的一件乐事和精神上莫大的慰藉。

为消灭甲肝而奋斗

1978年，毛江森调入浙江省医学科学院工作。单位原来没有病毒学的基础，也没有传统的病毒研究任务，没有条条框框的限制，这使毛江森有较大的自由度来确定研究方向和课题。当时国内病毒学热门的研究课题是肿瘤病毒、干扰素和"澳抗"（乙肝表面抗原）等，这些同时也是国际上的热门。当时尼克松能当选美国总统，其中一个原因就是他迎合了选民的意愿，提出要重点控制、攻克肿瘤，为选民的健康负责。其实，毛江森早在下放康县时就给卫生部写过一份报告，提出肿瘤绝不仅是由生物病毒引起的，认为80%的肿瘤是由环境引起的，只有少数是由病毒引起的。他大胆提出的这一观点，引起了卫生部的高度重视。他还研究过其他疾病，如由缺碘引起的疾病等。干扰素是毛江森1960年的研究课题，毫不夸张地说，毛江森是干扰素研究的开路先锋，他先后在《微生物学报》等杂志上发表了6篇论文，引起了领导和专家的广泛关注，他做起干扰素研究自然是轻车熟路。也有好心人劝毛江森做肿瘤病毒研究，认为这才是有水平的表现。而当时，做甲肝研究在国内、国外都不被重视，远不是热点。

做什么与不做什么都是个问题，而毛江森想的不是急功近利，始终在他大脑里翻腾的是科学的人民性问题。人民群众最关心的是什么问题？最需要科学家研究解决的是什么问题？搞科学研究不能脱离社会需求，科学家不能躲在象牙塔里孤芳自赏。于是，毛江森做出一个大胆的决定，花半年时间搞社会调查。他一趟趟地坐客车去宁波、绍兴等地，走村串户搞调查。耳闻目睹的事实深深触动了毛江森，经过半年多时间的病毒病调查，他发现甲肝流行十分严重，居传染病的首位。

有一次，杭州望江山医院的院长来到毛江森的办公室。作为江山老乡，两人越谈越投机。这位院长告诉毛江森，杭州袁浦发生肝炎流行事件。毛江森听到这个消息非常着急，马上带上助手陈念良，花了整整三个月的时间进行调查。

早上从浙江省医学科学院出发，有时是坐院里的一辆旧吉普车，吉普车没有空，他们就乘客车。来到袁浦，只见病人都集中在了大队部。毛江森一个个进行询问，再一家家走访，详细地做记录。只有提取病毒才能找到驯服它的工具。他们每天收集病人的粪便，带回院里进行病毒提取、组织培养，最后，实验室的两只冰箱里塞满了粪便。毛江森还清楚地记得，有一次由于装粪便的塑料袋包扎得不够严实，在乘客车时，其他乘客以为是他身上散发出难闻的气味，十分不满，纷纷对他怒目而视。

毛江森等人通过详细调查，弄清了事情的来龙去脉。原来，为解决村民的日常用水问题，袁浦大队从钱塘江打水，引入村庄边上的一条河沟。从村头到村尾，人们都从河沟里取水，刷马桶、洗菜、洗衣服，河沟的水受到了严重的污染。最初是上游的两个人发病，不到一个月，使用这条河沟水的人42%都得了病。患病的人家里困难住不起医院，都被集中到大队部，有的甚至一家五口都得了病，家里断了炊烟。此情此景，让毛江森这位一直有着冷静头脑的科学家心里阵阵发酸。他与陈念良一起将村民的情

况做了厚厚一本记录。时隔近30年,我们在档案室看到了这本已经泛黄的记录本,油印的登记本上填满病人发病和粪便收集的详细情况。在研究条件十分困难的情况下,毛江森没有退却,他脑中常常浮现出村民无助的眼神和他们家庭穷困潦倒的情形,他有心选择甲肝作为研究方向,决心为消灭甲肝而奋斗!

当时的浙江省医学科学院没有电镜设备,听说武汉有,他们就坐火车风尘仆仆地赶到武汉。结果到了武汉,人家告诉他设备已经坏了,毛江森一肚子气:"为什么不早说呢?"不过对方告诉他一个消息,河北医学院有电镜室,于是他们又马不停蹄地坐火车奔向石家庄。

此时已近年关,学校除了没有钱回家过年的学生外,就是几位留守的老师。毛江森找到了电镜室的管理人员,就与助手认真地做起了观察实验,连着四五天,毛江森在实验室的电镜下,仔细地反复观察、分析,"众里寻它千百度",病毒终于暴露无遗了!毛江森兴奋地跳了起来。望着那美丽的形状,他们惊呼道:"这么漂亮的病毒竟是致病的元凶啊!"

分离甲肝病毒终于获得成功了。带着满意的结果,毛江森坐上了回杭的火车,火车开得很慢。经过几天的辛苦,毛江森想小憩一下,可是他一下子又睡不着。"哐当、哐当",车轮撞击铁轨的声音此时也成了美妙的音乐,一路上听到爆竹声声,空气中弥漫着节日的味道。噢!毛江森突然想到这天是除夕夜,难怪火车上很空。不知此时妻子、孩子都怎么样了,他们正在吃年夜饭,还是在放鞭炮?前几天与妻子通电话时,妻子只关切地问他外面冷不冷,都没有提醒他快过春节了。毛江森现在才知道,妻子是为了让他在外面能安心地做研究工作,不为家里事分心。想到心爱的妻子和可爱的孩子,一股暖流涌上心头,他突然感到眼睛有点潮热,他流泪了。

过了那么多年颠沛流离的生活，现在总算到了安定的地方，生养他的浙江让他热爱，爱得不想再离开。粉碎"四人帮"刚两年，全国上下百废待兴，郭沫若在全国科学大会上的讲话又在耳边回响："这是科学的春天！让我们张开双臂，热烈地拥抱这个春天吧！"毛江森想起一位哲学家说的话——如果把人的一生一分为二，那前一半的人生哲理是"不犹豫"，后一半的人生哲理是"不后悔"。一年多的调查和研究成果让他更加坚定了搞甲肝研究的决心。

甲型肝炎是病毒性肝炎的一种，在美国占整个病毒性肝炎年发病人数的60%。在我国，虽然三种病毒性肝炎的年发病率在20世纪70年代末、80年代初尚无精确统计，但从局部资料来看，甲型肝炎的年发病人数也占首位。甲型肝炎是世界性传染病，虽然该病在欧美等国的发病率较低，据1976年统计资料，在美国亦达20/10万左右。但在我国，该病发病率很高，浙江省1979年上报的甲肝年发病率要比美国高近20倍，达360/10万，而实际发病率要比此数高。当时对该病尚无特效预防与治疗的方法，因此，该病的高发病率及较长的恢复期给人民健康以及劳动生产造成了极为严重的影响。由于已知引起该病的病毒只有一个血清学型别，人在受感染以后可获得持久的免疫，因此，发展疫苗来预防该病是合理的，它是实现我国大面积预防该病的重要措施。

火车一路开着，毛江森一路想着，他现在真正可以安安静静地梳理自己的思路了，可以如愿按照自己的科学判断选择事业，他心里充满了幸福和成就感。

研究甲型肝炎取得了初步成效，更加坚定了毛江森研究甲型肝炎病毒

并以发展疫苗为目标的激情。他写的《甲型肝炎病毒感染后的抗体反应和排出》发表在美国的传染病杂志上（*JID*）。这本创刊已有100多年的杂志是国际上权威的医学杂志之一，毛江森是我国自改革开放后第一个在这本杂志上发表文章的作者。论文发表后，美国有400多名研究人员与毛江森联系，或求教，或共同探讨有关问题，有的还希望进行合作研究。美国芝加哥博物馆研究灵长类动物的一位专家特地与毛江森联系，索要有关资料，后来还把自己发表的文章和出版的书寄给毛江森，毛江森由此进一步扩大了视野。研究甲肝疫苗是自选课题，并不是国家课题，一开始自然还不可能引起上级的重视，研究中会碰到许多问题和困难。每当这个时候，毛江森就会想起袁浦人受苦受难的情景，他咬紧牙关，克服了重重困难。

浙江省医学科学院当时没有适合做甲肝病毒实验的动物模型，什么动物最敏感？毛江森想到了猴子。可是他上哪儿去找呢？他四处托人，终于打听到河南有个捕猴队，他特地交代对方要藏酋猴，而且是正处于怀孕期的母猴。藏酋猴属于猴科、猕猴属，又称"四川短尾猴""大青猴"，是中国的特有种群，栖息分布于浙江、福建以及四川等省。藏酋猴体型粗壮，是中国猕猴属中体型最大的一种。它的头部较大，面部皮肤为肉色或灰黑色，成年雌猴的面部皮肤为肉红色。藏酋猴的尾部比较短，一般不超过10厘米。藏酋猴栖息于山地阔叶林区有岩石的环境中，过着集群生活，每群由10~30只组成，群体中有2~3只成年雄猴为首领，遇敌时首领在队尾护卫。它们白天在地面活动，夜晚在崖壁缝隙或大树上过夜，主要以植物的叶、芽、果、枝及竹笋为食，也吃鸟、鸟蛋、昆虫等动物性食物。藏酋猴5岁时性成熟，发情期多在秋季，每年春末夏初产崽，每胎1只。这样的动物正适合做甲肝病毒和疫苗的实验，待母猴生下小猴立即将它们分开，在小猴身上做实验。母猴送来了，可是不知是否有孕，他们又找来动物房的人察看，确认后才付钱。经过一段时间的精心喂养，母猴产下了健康的小猴，随后母、子被马上分开，母爱的天性使母猴寝食不安，撕心裂肺的叫声勾起了毛江森的恻隐之心：动物尚且如此，更何况人呢？有许多家庭，就是因为受尽甲肝的折磨，掏空了家底，还影响了农事活动，有的家庭因病而穷得揭不开锅，上演了一幕幕家人生死离别，甚至白发人送黑发人的人间悲剧。

到了1985年，以毛江森为项目负责人的甲肝病毒病原及减毒活疫苗的研究课题终于引起国家卫生主管部门的高度重视，有关部门将之列为国家"六五""七五"攻关课题，在中期评估时又转为重中之重的课题；在研制疫苗的过程中，还组织了上海、长春、昆明等地的专家参与，并以毛江森为攻关项目负责人，卫生部支援了大型仪器，毛江森的工作也得心应手了。从自选课题上升为国家课题在我国绝无仅有，它需要选题者有非凡的胆识和前瞻性。1987年，卫生部组织专家在卫生部大礼堂，由卫生部部长陈敏章亲自主持对毛江森等人的研究成果进行鉴定，最终结论是研究成果科学可靠。接着进行疫苗临床试验，第一期注射了12人，第二期注射了127人，试验结果证明毛江森的研究成果取得了成功，并且是一项重大的科技突破。

经过先后15年的集体努力，毛江森等科研人员培育出甲肝活疫苗毒种，生产出了安全有效的甲肝活疫苗，使全国的甲肝发病率大幅度下降，中国从此摆脱甲肝严重流行的局面。毛江森先后获得国家发明奖和发明专利，他的研究成果被列入"八五"期间国家科技十大成就之一，还被收入《中华人民共和国重大科技成果选集》。1991年，毛江森以突出贡献高票当选为中国科学院院士。李瑞环、乔石等国家领导人先后接见了毛江森，并与之亲切交谈，称赞他为我国卫生事业做出了巨大贡献。

一次成功的预测

回顾甲肝活疫苗研制的成功,毛江森明确表示,这首先是与立题有关,这一立题来源于国情,来源于人民迫切的需要,丝毫没有追风逐潮、哗众取宠之意。毛江森研究发现,欠发达国家,或是正向发展中国家过渡时期,甲肝疫情往往最严重。

在毛江森的研究过程中,还有一个重要成果是成功地预测了一次甲肝暴发流行。这是从很普通的观察开始的,毛江森在监测某地人群甲肝抗体水平变化的研究中发现,人群抗体水平明显下降。这本来是一项很平常的调查结果,却引起了毛江森的深刻思考,思考它的好与坏。当时全国范围内的大环境并未有所改观,甚至环境污染有日益严重的趋势,尤其是水环境严重失控的现象引起了毛江森的焦虑,这有可能导致甲肝病毒在江、河、湖泊及海涂大面积散布。

为此,毛江森写了一篇文章,对我国甲肝流行的严重威胁作了如下描述:"可以预料,随着城乡人民卫生条件的进一步改善,人群中儿童及青年甲肝的感染率将会明显下降。这既是一个好现象,也是一个值得警惕的问题。因为除非能用疫苗给这部分人以免疫保护,否则,随着环境的改变,或者一旦有意外的传染发生,如由带甲肝病毒的泥蚶所引入,由于大量易感人群的存在,将会引起大规模的甲肝流行,而成年人患甲肝时临床反应比儿童受感染更严重。"

文章发表在1987年5月的《中华传染病杂志》上。半年后,一次空前的甲肝大流行在上海暴发,集中发病约32万人,由一次大量人群食用带甲肝病毒的毛蚶而传染引发,其中83.5%为成年人,一时间,人们几乎到了足不出户的地步。"病从口入",为此无数餐馆纷纷倒闭,医院则家家病床爆满,成批的病人不得不睡在走廊上……

这次甲肝事件在流行规模、海涂污染、贝壳类传媒及发病人群等方面都与毛江森的预测基本一致,这是一种不幸,因为此前没有引起政府部门的关注,否则何至于造成如此大的负面影响和损失!《科技日报》专门为此发表题为《从甲肝流行看要重视专家意见》的评论。科研人员对重大自然现象的预测历来是个重要而十分有兴趣的话题。预测有成功也有失败,从大量的事例来看,其中把局部现象放大到大环境中来考虑是很重要的,这是一种哲学思维。

毛江森于1956年从上海第一医学院医学系毕业。此后40多年,他一直在科研单位从事某些重要病毒病的研究工作,一个主要目标是研究从根本上防治病毒病的对策。

回顾所取得的业绩,毛江森仍很谦虚。他说,我对病毒病的控制尽了绵薄之力,这是由于平生勤勉。勤于求知,勤于从别人创造的知识中汲取营养;勤于思考,在一段时间内只思索一个问题,使之深入再深入,从而创造出自己的认识和独到见解,这叫作"温故而知新"。

事实上,毛江森想过的比做过的更多一些。喜欢在科学领域内幻想,是许多科研人员的特点,毛江森也不例外。让思维的骏马驰骋在科学的道路上,幻想会产生激情,激情是科研的动力之一,毛江森的亲身经历证明了这一点。

(应向伟、吕国昌、徐裂,2006)

吾更爱真理

"实践是检验真理的唯一标准",在自然科学领域更是如此。可有时会出现这样的情况:明明是谬误,很多人却人云亦云,使之流传甚广。有的因为是权威专家作出的结论,没有人敢怀疑,就算怀疑了也不敢说,怕招惹是非,可是毛江森以科学精神和良知,指出、纠正了多起权威错误的结论。正如古希腊名言"吾爱吾师,吾更爱真理",他没有太多顾虑,考虑最多的是必须维护科学的真实性,对人民负责,对历史负责,对科学事业负责。

无尽的怀想

1987年的一天,我国病毒学奠基人黄祯祥教授因患白血病永远离开了人世,享年77岁。噩耗传来,远在杭州的毛江森百感交集。虽然他早就得知黄祯祥因得了白血病,近年来身体每况愈下,本想去北京探望恩师,可是由于忙着甲肝病毒的研究,一直未能成行。得到黄祯祥离开人世的消息,毛江森还是难以相信事实:"怎么会就这样走了?为什么我不在他生前好好去看看他呢?"毛江森凝视着当年黄祯祥送给他的照片,忍不住悲从中来,恸哭不已。好几天,他吃不好饭,睡不好觉,眼前时常浮现出黄祯祥慈祥的笑容,当黄老师助手时的时光历历在目,黄祯祥对弟子的深厚情谊和宽广胸怀让毛江森永志不忘。毛江森对着北京方向鞠了三个躬,默默地祝愿黄老师含笑九泉。

1961年,经历"大跃进"和"三年困难时期"的中国百废待兴。一批科学家被接二连三的运动搞得心力交瘁,浪费了大好时光。在中央领导召集科学家座谈时,科学报国心切的科学家们无不显得忧心忡忡,大家疾呼要重视科学事业发展。他们忧虑的是,我们与世界发达国家的科学差距越来越大,如不迎头赶上,将会进一步拉大差距。从满头青丝到白发苍颜,一批老科学家、老专家感叹:我们年事已高,恐怕来日无多,空有一些好的科学思路、方法,但事必躬亲已是力不从心。中央领导听了专家的意见后提出,老科学家、老专家是国家建设的栋梁,是宝贵的财富,如果不好好发挥他们的作用,那是对社会的"犯罪"。刘少奇提出,出于党对专家的关怀和爱护,要给一批老专家配备助手。这可是中国科学史上破天荒的事。当然,限于当时的经济条件,能够配助手的专家为数不多,整个中国医学科学院够格配助手的也没有几位。

在中国医学科学院,有一位叫黄祯祥的病毒学专家。他毕生致力于医学病毒学研究及人才培养,在世界上首创病毒体外培养新技术,为世界病毒学界所公认,为现代病毒学奠定了基础。他对流行性乙型脑炎、麻疹等病毒性传染病的病原、流行规律、免疫诊断、发病机制等方面的研究,从理论和实践上指导了疫苗研制等多方面工作,为我国病毒性传染病的控制做出了重要贡献。

黄祯祥生活颇多磨难,唯有为祖国科学事业奋斗终生的信念须臾未改。他在中国医学科学院负责病毒系的工作十多年后,从领导岗位上退了下来。"三年困难时期"过后,中央重视科学研究工作,他的命运又有了

转机。

一心迷恋科研的黄祯祥有意培养新人。在工作中，他时常注意身边的工作人员，这些人中不少是近年从大学毕业被分配进来的，富有朝气和活力。黄祯祥发现毛江森不爱运动，也不爱多说话，可是对待工作认真负责，不懂就问，虚心向老师请教，从书本中寻找答案。黄祯祥认为毛江森最适合搞科研，便有意栽培他，让毛江森当他的助手。有一次，黄祯祥让人把毛江森叫到办公室，问了一些题外话后，就试探着问："上头要给我安排助手，你愿不愿意啊？"说话的时候，黄祯祥始终带着微笑，很和气。毛江森受宠若惊。对德高望重的黄祯祥教授，毛江森是仰慕已久。

黄祯祥负责两个实验室，一个从事干扰素研究，另一个主要从事麻疹活疫苗的研究。没过几天，毛江森如愿成了黄祯祥的助手，主要从事干扰素的研究，成了我国研究干扰素的开拓者。

我国病毒学的奠基人

毛江森在当了黄祯祥的助手后，对他有了进一步的了解。

1926年，黄祯祥以优异的成绩考取了当时我国医学最高学府北平协和医学院，接受了严格的医学教育。他于1934年毕业后，成为北平协和医院内科医生。北平协和医院是当时中国条件最好、最权威的医学机构，黄祯祥在这里整整工作了八年。他不仅打下了坚实的医学基础，而且锻炼了善于观察、发现问题和独立解决问题的能力。在这期间，他发表了有独到见解的关于白喉杆菌及其免疫的论文，受到了美国医学杂志的重视。青年时期的黄祯祥，凭着敏锐的洞察力和扎实的医学基础，在对霍乱、链球菌感染、鼠疫等方面的研究上多有建树，发表了一系列研究论文。黄祯祥的才华受到了协和医院的器重，1941年他被选送到美国留学。

在留美期间，黄祯祥首创了引起世界病毒学界瞩目的病毒体外培养新技术，为现代病毒学奠定了基础。这时，日本侵略军仍在蹂躏中华大地，中华民族处于危急存亡关头，他毅然谢绝了美国方面的一再挽留，于1943年年末怀着忧国忧民之心，抱着科学救国的理想返回了祖国，到重庆中央卫生实验院任医理组主任。抗日战争胜利后，他回到北平任中央卫生实验院北平分院院长。

中华人民共和国成立以后，黄祯祥的专业特长开始得以发挥。尽管当时经费少，还不具备大规模开展病毒研究的条件，但是人民政府尽力为他添置科研设备，配备了助手，他开始着手流行性乙型脑炎、麻疹、肝炎等病毒的研究工作。黄祯祥决心在中国共产党的领导下为中国的病毒学事业贡献自己全部的聪明才智。

抗美援朝时期，他积极响应中国共产党的号召，冒着生命危险深入我国东北和朝鲜前线进行调查，用自己的专业技术为保卫和平做出了贡献。

20世纪，国际上对病毒的研究刚刚起步，研究病毒的工作还很不成熟，方法也很落后。由于病毒是微生物中最小的生物，当时检测病毒存在与否，需要通过对动物注射含病毒的物质，观察动物是否发病或死亡，显然这种方法是十分原始的。病毒还有另外一个特性，即它没有自己的酶系统，需要寄生在活细胞内，因而一般的微生物培养基不能使病毒生存和繁殖。病毒的这两个特性加大了寻找培养病毒新技术的难度。病毒培养是病毒研究中最基础、最关键的一步，可以说没有病毒培养新技术的建立，也就没有病毒研究的突破和发展。因此，许多国家为此投入了大量的人力、

物力,国际上许多知名学者为此苦苦探索了几十年。

1934年,黄祯祥在美国发表了《西方马脑炎病毒在组织培养上滴定和中和作用的进一步研究》,这一研究论文立即引起举世瞩目,并得到同行的普遍认可。

这一新技术概括为:第一步,用人为的方法将动物组织经过处理消化成单层细胞,并给这种细胞以一定的营养成分使其在试管内存活;第二步,将病毒接种在这种细胞内,经过一段时间,细胞就会出现一系列病理改变,观察者只要用普通显微镜观察细胞有无病变,即可间接判断有无病毒繁殖。这项新技术把病毒培养从实验动物和鸡胚的"动物水平",提高到体外组织培养的"细胞水平"。也正是这项技术的建立,拓宽了国际上病毒学家的思路,世界上许多国家的病毒学家采用或改良了这一技术,成功发现了许多病毒性疾病的病原,分离出许多新病毒。

黄祯祥这一技术为现代病毒学奠定了基础。改革开放后,黄祯祥先后出访过苏联、罗马尼亚、荷兰、埃及、法国、菲律宾、美国等十几个国家,进行讲学和学术交流。1983年,他率中国微生物专家代表团应邀赴美参加第十三届国际微生物学大会,受到了高规格的接待。有100多年历史的美国著名的传染病杂志（*JID*）在封面上刊登了黄祯祥的大幅照片,纪念他的伟大功绩。美国丹顿市授予黄祯祥该城的"金钥匙"和"荣誉市民"称号。

中华人民共和国成立初期,流行性乙型脑炎是当时严重威胁人民健康的传染病之一。黄祯祥清楚地知道要开展乙型脑炎的研究,着手解决这一医学难题,困难是很大的。然而,作为中华人民共和国第一代病毒学者的责任感,激励着他主动请缨。他向卫生部领导要求,要从乙型脑炎入手开始中华人民共和国的病毒研究事业。卫生部满足了他的愿望，支持他的工作，给了他人力和物力上的保障。乙型脑炎的研究工作就此开始了。由于当时科技水平的限制，对乙型脑炎这种传染病的认识还很肤浅，其病原、发病机制、传播规律、诊断、免疫等问题都还没有解决，甚至于在我国流行的乙型脑炎（当时俗称"大脑炎"）和日本等亚洲国家所流行的乙型脑炎是不是同一种病都未能搞清楚。这些问题在当时的病毒学界都是有待揭示的课题。

在中华人民共和国成立后的头两年中，黄祯祥组织进行了全面、系统的相关调查工作。由于卫生部门的大力协助及各医疗卫生机构的热诚合作，这项工作进行得相当顺利。在进行了大量的流行病学调查之后，黄祯祥带领科研人员开始了病毒分离、实验诊断方法的建立、乙型脑炎传播媒介昆虫生态学、乙型脑炎病毒特性等方面的研究。他们基本摸清了我国乙型脑炎的流行规律、传播途径及特点，并着重指出蚊虫是传乙型脑炎的媒介，从而在技术上具体地指导了中华人民共和国成立初期轰轰烈烈的群众爱国卫生运动。

1949年，黄祯祥在我国首先开始了乙型脑炎疫苗的研制工作。他在一篇论文中阐述了最初研制乙型脑炎疫苗时的想法："当1949年我们开始了流行性脑炎的研究后，首先对这种传染病的流行病学问题进行了调查研究，并且用血清学和病毒分离的方法确定了该病的病原是流行性乙型脑炎病毒。这些研究的结果给预防工作指出了方向。为了更好地配合预防工作上的需要，1949年我们开始了疫苗制造试验。"这是我国开展乙型脑炎疫苗研究文献中最早的记录。在这以后的几十年中，乙型脑炎疫苗的研制工作一直在进行着，最初从研究死疫苗开始，继而发展到利用组织培养技术

进行乙型脑炎减毒活疫苗研究。这些研究成果无一不渗透着黄祯祥的心血。乙型脑炎疫苗的研制这一成果获得了1978年全国科学大会奖。

众所周知,预防医学研究所取得的成果,绝不是靠某一个人独自奋斗所能取得的,必须要有长时间的,有时甚至是几代人的共同努力才行。我国乙型脑炎的研究从1949年开始,经过整整40年的工作,终于被社会所认可。1989年这项成果获得了卫生部科技进步奖一等奖。颁奖时,虽然黄祯祥已不在人世,甚至获奖者的名单中也没有他的名字,但是人们不会忘记黄祯祥在我国乙型脑炎研究中的开拓者地位和他在这项成果中的重大作用。

黄祯祥于1980年当选为中国科学院院士(学部委员),并享有很高的国际声望。他是美国实验生物医学会会员、苏联与东欧社会主义国家合办的《病毒学杂志》编委,还担任美国《国际病毒学杂志》《传染病学论丛》杂志的编委。1983年他被选为美国传染病学会名誉委员。

"半死不活"的疫苗

实践证明:病毒学研究发展到今天的分子病毒学水平,黄祯祥所发现的这一新技术起了重要作用。迄今为止,世界上还没有找到比这一技术更先进的病毒体外培养的方法。这一技术至今还广泛应用于病毒性疾病的疫苗研制、诊断试剂的生产和病毒单克隆抗体、基因工程等高技术研究领域。世界上许多国家采用这种技术分离了诸如流行性出血热、麻疹、脊髓灰质炎病毒。近年来在全球引起震动的艾滋病病毒也是采用组织培养这一技术分离得到的。

20世纪60年代初,麻疹是中国儿童的第一杀手,儿童患了此病后死亡率相当高。中国医学科学院将研制麻疹疫苗作为重点课题。黄祯祥教授领导一个科室做麻疹疫苗。他们分离出了麻疹病毒，准备制备灭活疫苗。毛江森在黄祯祥的指导下潜心研究干扰素，对麻疹的研究他自然就成了旁观者。

1954年，世界上分离麻疹病毒获得成功。用组织培养技术研制麻疹疫苗就成为世界病毒学界探讨的重要课题。1961年，黄祯祥以极大的热情和充沛的精力投入到麻疹疫苗的研究工作中，同时和著名儿科专家诸福棠教授合作，对麻疹病毒的致病性、免疫性进行了深入研究。他们的合作推动了当时我国麻疹病毒的研究工作。此后，黄祯祥和他领导的麻疹病毒研究室对麻疹病毒血凝素、麻疹疫苗的佐剂、疫苗的生产工艺等进行了广泛的研究。《福尔马林处理的麻疹疫苗》是他在这一时期发表的重要论文。这篇论文曾在第四届国际病毒大会上宣读，得到与会者的好评。然而，麻疹疫苗的研制过程一波三折。

麻疹疫苗研制刚开始，在试验时，90%的人打一针就发生阳转，产生抗体，而按照以往经验，打一针就产生抗体的比例应在40%左右。这么高的阳转率，对死疫苗来说是没有办法解释的。黄祯祥的解释是，可能是他分离出的病毒效果特别好。

毛江森在做干扰素研究时，发现用传统的方法滴度就是上不去，他设想能否用生物合成法。可这对他来说又是一个新的领域，他就申请到中国协和医科大学生化系进修，做酶的研究工作。1964年的一天，毛江森突然接到党委书记朱既明教授打来的电话，语气十分着急："你快点回来！"毛江森丈二和尚摸不着头脑："有什么事这么着急啊，非得我回去？我进修还没有结束呢。"朱教授语气缓和了下来："你先回来吧，进修的事再补就

是了,黄祯祥教授的疫苗出问题了。是组织决定让你先回来的。"朱既明是病毒系改为病毒所后的第一任所长,也是中科院院士,对人才十分爱惜。一听是组织决定,又为导师的事,毛江森没有二话,放下手头的工作就回到了中国医学科学院病毒学研究所。

毛江森回到医科院,了解到事情原委。原来,黄祯祥研制的疫苗效果非常好,患者打了一针后90%以上阳转,这是死疫苗无法解释的。可是最近情况发生了意想不到的变化,正常人打了疫苗后没有起保护作用。这对医科院来说可是一件大事情。黄祯祥认为,可能是病毒变异了。与他的看法不一样的解释为是不是方法不敏感,可能抗体是上去了,但是测不出。会议室里,气氛严肃,大家知道,这是一个重中之重的课题。大家神情凝重,你一言我一语,见仁见智,各人有各人的看法,谁也说服不了谁。

最初提出的看法是疫苗病毒抗原变异了。但毛江森认为不可能是病毒变异,也不是测试方法不敏感。他说:"我想,黄祯祥老师用经典方法研制出的疫苗,可能一开始就没有完全灭活,是'半死不活'的疫苗,而不是真正的死疫苗。""什么?半死不活?"毛江森接着解释:"正确地说是部分灭活疫苗吧。"对于自己助手提出的问题,黄祯祥原来并没有想到,他听了这话态度显得很平和,说:"你说的也可能有道理。"

根据研制技术特点,疫苗分为传统疫苗、新型疫苗及高技术疫苗,而新型疫苗或高技术疫苗是以基因工程疫苗为主体,主要包括:基因工程疫苗(基因工程亚单位疫苗、基因工程载体疫苗、核酸疫苗、基因缺失活疫苗及蛋白工程疫苗)、遗传重组疫苗、合成肽疫苗、抗独特型抗体疫苗以及微胶囊可控缓释疫苗等。在20世纪60年代只有传统疫苗,主要包括减毒活疫苗和灭活疫苗。减毒活疫苗是指用弱毒,但免疫原性强的病原微生物及其代谢产物，经培养繁殖，或接种于动物、鸡胚、组织、细胞生长繁殖后制成的疫苗。它接种于人体后，在适当的组织系统中产生一定的或短暂的增殖，类似一次轻型的人工自然感染过程，从而引起与疾病相类似的免疫应答，但不会发病。它在体内作用时间长，往往只需要接种一次，即可产生较牢固的免疫。如：天花、狂犬病、卡介苗、黄热病、脊髓灰质炎（口服）、麻疹、腮腺炎、风疹、腺病毒、伤寒（Ty2la）、水痘、轮状病毒。灭活疫苗是指用免疫原性强的病原微生物及其代谢产物，经培养繁殖，或接种于动物、鸡胚、组织、细胞生长繁殖后，采用物理的、化学的方法使病原微生物失去致病能力，但仍保留其免疫原性，或应用提纯抗原和人工合成有效抗原的方法而制成的疫苗，通常用于皮下接种。它进入人体后可直接引起免疫应答，但不能生长繁殖，相对比较安全、稳定。但常需多次注射，才能产生比较牢固的免疫力。如：伤寒、霍乱、鼠疫、百日咳（全细胞）、流感、狂犬病（新）、乙型脑炎、甲肝、森林脑炎和用病毒某些成分制成的亚单位疫苗。

面对三种不同的看法，病毒所的领导充分发扬民主，研究后拍板：既然有三种不同的观点，那就搞三组试验来验证。实践出真知，两个月后，结果出来了，证明毛江森的设想完全正确！毛江森如释重负。黄祯祥也十分高兴，很快认同了毛江森的观点，见到毛江森时，拍着他的肩膀夸奖道："后生可畏啊！"黄祯祥多次对领导说，搞研究就是要有毛江森这样的质疑精神和向权威挑战的勇气。毛江森后来听到这些话，感动得不知说什么好。

自己的猜想得到证实，毛江森有一种成就感。可是更让他感到高兴的是，他对老师提出不同的意见，并没有影响师生关系，两人的师生情谊反

而更深了。想到有的时候少数科学家有一种霸气,一个门不能出两个声音的现象,毛江森更加佩服黄老师的大将风度和虚怀若谷的精神,不由得对黄祯祥老师又多了一分崇敬之情。

毛江森回忆起这一事件时说,理论上判断是很重要的,有了理论判断才能去验证,当然最终是要解决问题。科学研究要敢于突破书本上的定论,这里有个科学判断的问题。

后来,毛江森到美国进修,黄祯祥还写了亲笔信给予引荐。在美国,他以访问科学家的身份在美国国立卫生研究院工作了一年,学术水平得到了提高,科学报国的思想得到了升华。学习期间,有一些同学劝他留在美国,在美国将有良好的科研条件,还有可观的经济收入。可是毛江森想到祖国的现代化建设正需要人才,虽然祖国还贫穷,黄祯祥教授的言传身教和报国之志使他下定决心回国。

学习期满,毛江森毅然决然地回到了日思夜想的祖国,投身科研工作。他只把在美国学习工作期间的工资单珍藏着,留作纪念。

质疑华裔生物学家

有一位叫牛满江的美籍华裔生物学家,从1953年起就一直潜心于"核糖核酸在发育中的独特功能"的研究。作为这一研究领域的先行者,他数十年如一日,知难而进,探索不止,成功地创立了"外基因学说"(Theory of Epigene)。"外基因学说"认为,成熟受精卵的细胞核DNA是生物体遗传性的核心,但是受精卵在发育过程中之所以能分化为各个器官(心、肝、脾、肾等),皆是由于存储在受精卵细胞质中的各种mRNA

（Epigene）与细胞核中的DNA（基因）协调产生的。如果在受精卵的细胞质中注入外源mRNA，它能改变发育产物的遗传性。例如，从鲫鱼（尾鳍二叶叉型）卵中提取mRNA，注入金鱼（尾鳍四叶型）卵中，孵化出来的小金鱼有33.1%变成了单尾鳍（二叶叉型）。这就说明了mRNA能够改变尾型的遗传性。相反，注射金鱼卵mRNA到鲫鱼卵中，发育的鱼尾没有改变，因为金鱼尾是隐性的。用牛心脏的mRNA处理试管内的癌细胞，能抑制癌细胞的分裂使之变成正常细胞。将提纯的兔血红蛋白mRNA注入金鱼卵长成的金鱼，只有红细胞（RBC）中含有兔的血红蛋白，说明这种mRNA是形成RBC的因子。牛满江的理论解释是：兔血红蛋白mRNA在金鱼受精卵中借逆转录酶（RT）的功能转录成互补的mRNA后，分析注射鱼RBC的品系，证明它是金鱼与兔的杂交型。这个实验说明，mRNA作为外基因协助金鱼RBC的基因变为中间型。

牛满江的"外基因学说"无疑开创了人工培育新物种的新思路，是人类在生物遗传工程方面的一大突破。牛满江因此获得了"古根海姆奖"。

但是科学家也会有失误的时候，毛江森面对这样一位学者，并不随声附和，敢于提出质疑。

毛江森从1960年开始研究干扰素，随着研究的深入，他感到如果要使干扰素最终能用于临床病症的治疗，用"病毒-细胞"系统是难以产生高浓度干扰素的，这样就产生了走生物化学工程的念头。为此，毛江森放弃了细胞水平的研究工作，去进修生物化学，并在北京师范大学听物理化学课。1964年，毛江森到中国医学科学院基础医学所生物化学系进修。当时的生物化学系有些工作已处于国际前沿水平，指导毛江森工作的是我国著名的酶学专家李士谔教授。当时，美籍华裔学者牛满江在美国国家科学院

院刊（PNAS，1962）上发表了几篇论文，报道说他分离出的RNA（认为是mRNA）在多种细胞中诱导了多种酶的生物合成，甚至血清蛋白的生物合成，在国际上引起了轰动。毛江森到生物化学系之后从事的就是类似的工作，用的是大鼠肝中色氨酸吡咯酶RNA（认为是mRNA）——艾氏腹水瘤细胞系统，但工作进行了多时，重复了多次，其结果与牛满江的不同，这种被认为是mRNA的提取物并不能诱导酶的产生。重复多次，思之再三，毛江森认为这是一个误区，建议停止，否则只会劳而无功，李士谔教授接受了毛江森的建议。事实上，当时对mRNA性质的认识是很肤浅的，在当时的技术条件下是难以得出牛满江所发表的结论的。

这一经验使毛江森认识到，虽然大胆设想很重要，也很诱人，但同样重要的求证也要十分严谨，不然最终只会贻笑大方。这件事同时使毛江森懂得这样一个道理：要判断一个科学上的误区也是十分重要的，去伪存真，才能让科学得到健康的发展，这也是一个"不做什么"的问题。

此后，毛江森一头钻进了协和医科大学图书馆，根据所阅读的158篇论文，写了一篇题为《病毒感染细胞的机理》的文章，在杂志上发表，这篇文章触及一个前沿研究的苗头。当时Temin教授发表了一篇研究简报，他将劳氏肉瘤病毒（RNA致家禽肿瘤病毒）接种到艾氏腹水瘤细胞，病毒感染后，发现有少量的病毒特异DNA，他认为这是前病毒（Provirus），这一结果使毛江森十分兴奋。经过一个时期的"头脑风暴"，毛江森觉得这可能是具有普遍的遗传学意义的重大苗头，莫非"遗传信息有可能从RNA传给DNA"？这对当时的"中心法则"是一大冲击。由于接着而来的是十年"文化大革命"，对于这一重大问题的兴趣自然也无法顾及了。直到20世纪70年代初，一个偶然的机会，毛江森得知Temin等人在20世纪60年代末证实了RNA逆转录酶的存在，为分子生物学的到来打下了基础。

通过这一事件，毛江森更进一步认识到，科学需要大胆设想，但是要非常小心地用实验求证。毛江森认为，自然科学是实验科学，要靠实验支撑。搞科学研究必须假设，但科学不能做连续的假设，否则就像在沙滩上建造房子，终究是不牢固的。

莫让浮云遮望眼

毛江森说，有的人一判断就正确，有的人一判断就错误，这里除了水平问题外，还有个指导思想问题，科学不能哗众取宠。2003年"非典"袭击时，中国疾病预防控制中心急急忙忙抛出找到病原的结论，这让毛江森十分恼火，他气愤地说："这样随意地下结论，绝不是科学的态度！"因为根据他掌握的材料和分析判断，"非典"的病原绝不是中国疾病预防控制中心那位专家说的那样简单。虽然是权威机构发布权威专家的结论，可是毛江森还是坚持己见，他相信科学，但不迷信任何权威，他更看重的是符合科学的严谨验证方法。最后的事实证明，权威机构权威人士发布的"非典"病原结论是错误的。毛江森说，这样的错误是低级错误，这与思想上的片面性很有关系，与功利主义也有关。

关于肿瘤的发生原因，曾有传统的看法认为80%是由病毒引起，可是毛江森坚持认为80%是由环境原因引起，他还为此上书卫生部，希望有关部门要重视这一问题。毛江森的这种观点现在越来越被大家所认同。

自2005年年底以来，禽流感的阴影仍笼罩着全球。中国同样面临着严峻的形势，不但多个地方发生疫情，而且出现了人感染高致病性禽流感病

毒H5N1而死亡的病例。但是到目前为止，现代科学还没有彻底拨开禽流感的传播迷雾。春节前，卫生部召集全国病毒学、传染病学等专家开会。会上，有人说已经听到禽流感在人类中大流行的脚步声；还有人在会上说，病毒再变两次就会在人类中大流行了。毛江森听了哑然失笑，他幽默地调侃，一同开会的不少科学家与毛江森持有相同的看法。

毛江森在会上作了发言，他举了流感病毒流行的例子，自从1889年第一次流感大流行以来，到目前为止只发生过六七次大流行。病毒在杂交中很多死了，传不开来，能够存活冲出来的只是凤毛麟角。他分析认为，如果只是点的突变并不会造成大面积流行，只有进行病毒重组才有可能造成病毒的大面积流行。对病毒H5N1，要有一系列的应对措施。从实际情况看，得禽流感而死的都是免疫力特别低下者，禽流感不会在人类中大面积流行。

毛江森曾经说过，搞科学研究要"屁股坐下来，心静下来，嘴巴闭起来，脑子动起来"。科学家不是社会活动家，要耐得住寂寞。科学家如果要成为社会活动家，那就要转换社会角色，别想在科学研究方面再有什么大的作为。

在谈到科学创新时，毛江森谈兴甚浓。无独有偶，早在2001年，他就提出把"创新，服务"作为浙江省医学科学院的院训。在全院大会上，毛江森语重心长地说，创新是科学工作者的灵魂，是首要任务，没有创新就没有尽到科研工作者——特别是科学家——的社会责任。创新是为了服务，没有创新就不可能有优质的服务，也不可能对社会有什么贡献。同样，科学研究不能脱离社会的需求，不然就会成为无源之水、无本之木。

2005年，党中央、国务院提出要把自主创新作为增强国际竞争力的重要工作来抓,毛江森深受鼓舞。他在多年前提出的创新成了全社会的共识,一种自豪感充满心头。毛江森给省领导写信,建议成立浙江省科学院,将现有的科研院所进行整合,这样做有利于集聚创新要素,激活创新资源,转化创新成果,加快建设创新型省份和科技强省。

(应向伟、吕国昌、徐裂,2006)

扬帆远航求学路

"钱塘自古繁华",古往今来,多少文人墨客为杭州吟诗作赋。毛江森并不流连都市的繁华,可是他向往杭州的归属感和永远挥之不去的温情。杭州是他魂牵梦萦的地方,是他放飞梦想的高地。1978年,粉碎"四人帮"后的第三个年头,毛江森从西北大漠回到了诗画江南。

| 母亲的嘱咐

缓缓流淌的江山港,穿过了一道道峡谷、一个个险滩,汇入滔滔的钱塘江。群山环抱、绿荫拥黛的江山县清湖镇贺家村,是一个毛姓人家的聚居地。1933年1月的一个晚上,毛甲美家喜气盈门,随着"哇"的一声嘹亮的啼哭,接生婆兴奋地对毛甲美夫妻俩嚷道:"是儿子!"儿子平安地呱呱坠地,毛甲美的妻子沉醉在幸福中,十月怀胎的辛苦顿时烟消云散,毛甲美更是高兴得整天合不拢嘴。

毛甲美的岳父是当地的大户人家,岳父是族长,思想比较开明。当时重男轻女风气正盛,女孩子普遍从小不读书,毛甲美的岳父却让女儿读完了小学,毛甲美的妻子就是当地颇有文化又能干的家庭妇女了。给儿子取个什么名字呢?名字是给人叫一辈子的,承载着父母的几多希望和期盼。没有文化,只能是面朝黄土背朝天,日升日落,世世代代在田间地头吃苦受累，能吃饱饭就是最大的心愿了，不敢奢求吃好穿暖。可是这样的日子何时熬到头啊？毛甲美夫妻俩根据家族辈分和传统，给儿子取名维书。

小维书长得活泼可爱，村里人都爱逗他玩，可就是时常生病，体质虚弱。看着小维书可怜的样子，母亲心疼得直掉泪，可是让她高兴和自豪的是，维书从小聪明过人。到了5岁那年，维书的母亲对丈夫说："维书聪明，让他早点读书吧，我看他能读好的。"毛甲美点点头："好吧，可是他才5岁，不知学校收不收啊。"

开学了，村校门口不时传出孩子们的欢叫声，新生都由家长陪着来，老生都是自己走来的。一年级新生要考试，听了毛甲美的央求，看到小维书乖巧的样子，老师弯下腰问："你会数数吗？从一数到十好吗？"小维书自信地点点头，结果从一数到十，又接下去数……五十一，五十二，五十三……"好，好，明天来上学吧！"老师惊喜地说，不由得喜欢上了这个聪明自信的孩子。

小学的班主任是一位穿蓝色长衫的老先生，表情严肃。小维书在学业的优异表现中找到了新的欢乐源泉。记得第一次数学考试，小维书考了第一名，老师在班上宣布这个结果的时候，同学们都把佩服的目光投向维书，维书激动得心怦怦直跳，眼睛不敢直视同学。直到听到"维书，你把考试卷给大家发一下好吗？"他才回过神来，满脸通红地接过老师手中的考试卷，一张张小心翼翼地发还给同学，他明显感到同学们羡慕的神色，心中好不得意。

随后几年，维书的成绩在班上不是第一就是第二，老师碰到维书的父母就直夸维书聪明。每天放学回家，维书放下书包后的第一件事就是给妈妈背诵当天读的书。

上学路上的"保护神"

读完三年级，维书转到贺村中心小学读高小。这是一所完全小学，离贺家村有十里路，学生来自附近的各个村，路远的学生住校。这样，维书每个星期六下午回家，星期天下午返校。看到9岁的孩子就要住校，还要走路回家，妈妈心疼了，可是她明白"穷人的孩子早当家"的道理，从未在维书面前流露出来。她只是埋头把小维书带回家的衣物洗干净，把破角补好，整理停当；再尽其所能地给小维书准备一些他爱吃的干菜，还不忘把家里的几块肉都盛到里面。每次维书回学校，毛妈妈总是要千叮万嘱地送出门，看着孩子远去的背影。有时明明没什么话，可总是想把孩子叫住再说点什么……

春天，万物复苏，天空飘着蒙蒙细雨，昔日的青山在雾中变得模糊了，山路弯弯，维书加紧了脚步。他心中害怕，害怕小青湖村头的那只大黄狗，主人不在边上时会突然窜出来，他没命地跑，几个调皮的同学会在背后幸灾乐祸地叫"胆小鬼，胆小鬼，哈哈哈……"黄灿灿的油菜花开得正欢，可他无心欣赏，他担心油菜地里突然出现青面獠牙的鬼。前几个星期的晚上，村头的老人都在讲鬼故事，他听得浑身起了鸡皮疙瘩，不敢走夜路，哪怕在家里，每次走过暗的地方，他就故意大声叫"妈妈"，好给自己壮胆。刚才他在路上还碰到同班同学挑起事端打了他，维书就是想不起在什么方面得罪了他们。"是怪我没给他们送吃的？我自己还吃不好呢！是读书好，人家妒忌？妈妈就是交代我要好好读书呢，妈妈的话我可一定要听。"他一路胡思乱想，总算到了自家的村口，妈妈正笑着在村口等他了。

维书有个同学是个调皮鬼，成绩在班里是倒数第一第二，在学校他老要找维书的茬。维书一直对同学友好，也不想向老师汇报，他怕汇报了会招来变本加厉的报复，"惹不起，躲得起"，他平时尽量离这个同学远点。一到星期六，维书心里就发毛，因为这个同学住的村口是维书回家的必经之路。这个同学平时在学校里碍于老师、同学在场，不好太过分，只是有时对维书推推搡搡。等维书路过他家村口，这个同学便有恃无恐，约上不同班的同学，从谩骂开始，激怒维书，随后对维书拳打脚踢，常常是边上的大人看不下去了才把他们拉开。维书被打得疼痛难忍，可是他不哭，坚强地继续赶路。

只有到了家见到姐姐，维书才会一下子扑到姐姐怀里，委屈地哭起来。姐姐向来很疼爱弟弟，以为他是走累了，路上又害怕。后来，每个星期天的下午，都由姐姐护送维书回校，他再也不怕村口的大黄狗了，一路上，谈自己的成绩，说班里的事情，好似有永远讲不完的话。由于家里穷，姐姐早早不读书，跟着父母到地里干活，让弟弟有机会读书。

一路谈着，很快就走出八里路了，接下去就是大路了。姐姐说，家里忙，现在你就自己走吧。维书真想姐姐能送他到学校，可是他知道家里等着姐姐回去做事情，他难过得泪眼婆娑，拉着姐姐的手不愿松开："姐姐，你别回去。"姐姐说："不怕了，自己走吧，过几天你不是又好回家了吗？"维书向姐姐挥挥小手转身离去，一步三回头，好似刚离巢的小鸟。姐姐百感交集，眼泪不由得滚落下来。维书心里暗暗发誓：我一定要读好书，将来报答父母和姐姐。

大爱无言

毛江森体质弱，个头小，又时常生病。体育课是他最怕的，怕出洋

相，怕同学取笑，而他又是一个要强的孩子。一次在一堵坍塌的围墙前，毛江森看到同学们都在往围墙上跳，他觉得好玩，不甘示弱，也跃跃欲试往上跳，结果只听"咚"的一声，毛江森没有跳上去，反而头砸在了石头上，顿时血流如注。"老师，老师，不好了！"慌了神的同学赶紧叫来老师，老师马上带他去消毒包扎。毛江森的额头现在还依稀可辨当年留下的伤疤。

小学时的体育课一般是老师带学生跑步、做操、打球，到学期末还要考试。说起来也很简单，就是在操场上画一条黄线，学生不能越过这条线，再在前面画一条白线，学生在黄线后抱着球往前抛，只要抛过了白线就算体育及格，抛不过就是不及格。可是，毛江森每次都抛不过线，而在班里与他一样情况的只有两三个人。按规定，体育不及格是不能升级的，也不能毕业，毛江森一直惴惴不安。对这位学习成绩好的学生，老师都关爱有加，加上毛江森的父母跑到学校求老师，老师也就网开一面，让他顺利升级、毕业。

孤灯下，毛江森的父母愁眉紧锁，他们已经好几天都是这样了，因为毛江森的弟弟生病已好长时间了。弟弟已经会叫"爸爸""妈妈"，还有"哥哥""姐姐"了，奶声奶气的叫声让毛江森听了觉得心里很甜。可是弟弟出生才六个多月就老是生病，没有医没有药，妈妈听人家说有几种草药可以治感冒发热，她就照葫芦画瓢地拔来晒干备用，几个孩子都是这样。可是这次不顶用，弟弟被病魔折磨得有气无力，虚弱的身体只剩下皮包骨。

他只听到爸妈在叹息："怎么办呢？"还听到妈妈的抽泣声。孤灯一盏，黄豆似的火苗飘忽不定，将房间照得有点朦朦胧胧，灯草被烧得吱吱作响，房间里冷清得有点怕人，一种巨大的恐怖正在袭来，毛江森把头缩进被子里，可是他并没有睡着。突然，他感到一股冷风袭来，"噗"的一声,油灯灭了,妈妈凄厉地叫了声"儿子!"就掩面而泣起来,毛江森心里猛地一抽:弟弟死了!他还只有一岁半呢,不知人间冷暖的他就去了另外一个世界。毛江森心里难过极了,也怕极了,不知这样的命运何时会突然降临到自己身上。"死"是恐怖的,可是毛江森直面了这个事实,他失去了弟弟,弟弟的夭折给他造成了很大的打击。此后的一段时间,懂事的毛江森更加闷闷不乐了,怕爸爸妈妈伤心落泪,不敢再提"弟弟"两个字,但那个凄凉的夜晚的景象深深铭刻在他的记忆里。

毛江森从小老是生病,在住校时情况就更差了。一次,他上完课就觉得昏昏沉沉,全身乏力,便回宿舍休息。虽说是学生宿舍,可学生就像沙丁鱼似的排着睡,没有单独的床。休息片刻,毛江森并未觉得好转,反而头疼脑热,难受得想哭,他想自己怎么会这么命苦,老是生病,连累了家人。庆幸的是自己读书好,能给爸妈带来安慰。迷迷糊糊睡了两个整天,他不知道是什么时候了,看看窗外是一块巨大无边的黑幕,想来是晚上了。突然,木头房门"吱"的一声开了,只见爸爸挑着一对箩筐,妈妈上前摸了摸毛江森的额头,连忙把他抱起来放进箩筐。毛江森心头一热,忍不住哭了起来,他既为自己身体不好伤心,又为爸妈的爱感动。"不哭,不哭,很快就会好的。"妈妈一边安慰,一边扶着爸爸挑着的箩筐,一步不离地跟着。十里路,爸爸挑着担子走了两个多小时,累得气喘吁吁,到家里已经是深夜了。这一次,毛江森病得不轻,在家里躺了两个多月。

风雨校园

毛江森生在风雨飘摇的年代。1937年7月7日,日本侵略者发动了

"七七"卢沟桥事变，随后战火烧到了南方，浙西南也未能幸免。日本鬼子的形象给小孩的直觉就是可怕，一听"八格牙路，死啦死啦地！"小孩们就怕得直往大人身后躲。碰到哭闹的小孩，大人一句"再不听话，日本鬼子来了"，小孩马上就会吓得不敢再哭。

日本鬼子到江山也是烧杀掳掠，无恶不作，毛江森原来就读的学校门给堵了，他们只能搬到另外的地方上课。国民党时常来村里抓壮丁，弄得青壮年们避之唯恐不及。毛江森亲眼目睹一个个青壮年被抓走，留下亲人痛哭的场面。这些人被抓走后，会被打，吃不好，睡不好，还可能再也见不到家人。想到这些，毛江森咬了咬牙，他稚嫩的心里埋下了厌恶战争的种子。他爱读历史书，了解中国积贫积弱的历史，他祈祷祖国尽快富强起来。

在江山中学读书的时候，毛江森家生活依然很困难。学生们住在一个叫"江西会馆"的楼上，宿舍里臭虫、跳蚤肆无忌惮。学生的伙食是自己办的，家里带来米、干菜，柴火得学生利用劳动课去山上砍。毛江森很怕挑担，挑不了多重，肩膀上就被压出深深的红印，遇到弯道，一不小心就会摔下山崖，好几次，一个趔趄，差点摔了下去。砍柴的痛苦令他一辈子难忘。

从小学到初中，由于常生病，又遇到一连串不开心的事，毛江森感到生活没有太多的乐趣。不过每年的春节，他到外公家时会感到很开心。外公很喜欢这位小外孙。外公家是一个大家庭，逢年过节时，大家欢聚在一起，其乐融融。没有人抽烟，也没有人赌博，大人们在这个时候会放开肚子喝酒，常常喝得酩酊大醉。小孩也可以开心地玩，大人从不责怪。

在学校，最值得毛江森留恋的就是秋高气爽的时节，暖暖的秋阳铺满了山野，成熟的稻谷给田野披上了金黄色。农民在收割晚稻了，随着他们挥动的镰刀，金黄色被一道道抹去。毛江森在放学后就约上几位好同学，带上书，躺在田埂上或是稻草堆上，一边懒洋洋地看书，一边拔根草芯放在嘴里嚼着，闻着泥土的芳香，惬意极了。

杭高，我来了

初中毕业之际，同学们似乎都成熟了许多，相互留言。有的同学打算读完初中就不读了，有的想报考位于石门的江山中学高中部。这时传来了浙江省立杭州高级中学招生的消息。杭州高级中学与上海中学、扬州中学、苏州中学并称为"江南四大名中"。读外地的学校开销自然要大一点，于是在报考江山中学还是杭州高级中学的问题上，毛江森犹豫过，他怕给家里增添负担。毛江森的妈妈是一个很懂事理的家庭妇女，虽然吃了那么多苦、受了那么多累，但始终对生活充满乐观，特别是看到自己儿子一天天长大，她心中希望的种子也一天天在发芽。有一天，她把毛江森拉到身边说："你身体不好，在田里干活挣不到吃的，要好好读书才有出路，你成绩好，就去考杭州高级中学吧，妈妈相信你能考上。"妈妈的几句话说得毛江森心里热乎乎的。毛江森心里向往杭州高级中学，他有充分的自信。

毛江森报考了杭州高级中学。考试的那天是他第一次来到杭州，一切都很新鲜，可是他没有心思去欣赏。看到学校第一幢房子墙上贴着一大片的考生名单，边上有个人说："听说是二十比一录取啊。"毛江森听了心里一沉："竞争这么激烈啊！"考试时间就要到了，毛江森顾不得多想，马上

调整好心态，进入考场。题目对他来说并不难，可是他不敢有半点放松，做好题目又仔细检查了两遍，直到交卷的铃声响起，每门课考试都是这样。考完试，毛江森没有心思在杭州玩，他手头带的钱也只够在街头吃碗光面，还要买回去的火车票。他第一次出远门，急着回去向父母汇报呢。虽然父母送他上车时叮嘱他好好考，考不上也没有关系，回来可以读江山中学，可是毛江森知道父母对他寄予了厚望，现在他们也许正盼着消息呢。他自我感觉考试比较顺利，成绩不会差，不过在强手如林的情况下能否胜出，他实在心中没数。回到家，他向急切盼望消息的父母说了情况。父母交代说："考完就好了，你在家休息，安心等消息吧。"

杭州高级中学发榜的时间到了，毛江森怀着忐忑不安的心情乘车来到杭高。只见榜前已经是黑压压的人群，他们个个都在伸长脖子找自己的名字，上了榜的兴高采烈，没有找到名字的垂头丧气。因为个子小，毛江森踮着脚看，他一行行地仔细搜寻，生怕漏掉一行。"毛江森，江山中学"，他眼睛突然一亮："这不正是我吗？"年龄、学校、家长名全对上，他心里那个激动啊，真想大叫一声："杭高，我来了！"毛江森难掩内心的激动，马上回到了家，他要把这一消息及时告诉家长、老师还有要好的同学，他们都为他焦急地等着。

当毛江森把录取的消息告诉爸妈时，他看到妈妈激动得一时不知说什么好，扯起围裙角在悄悄地擦眼泪。这是激动的泪水、高兴的泪水，多少年的期盼终于成为现实。外公、外婆听说外孙考上了杭高，都高兴得整天念叨。一些至亲都来祝贺，送来了红包，几毛钱的红包对他们来说都是很不容易的了，最后一数，交学费的钱够了。毛江森充满自信地跨进了杭高的校园。

杭高是很多学生向往的学校，面向浙江、上海、江苏的学校招收初中毕业生，著名教育家沈钧儒担任过监督，蒋梦麟、崔东伯等担任过校长，夏丏尊、许寿裳、鲁迅、李叔同、陈望道、刘大白、俞平伯、朱自清、叶圣陶都在这个学校当过老师。学校学风严谨，一代代宗师、一批批科学界的泰斗从这里起步……时至今日，中国科学院、中国工程院院士中，有40多位是从杭高毕业的。

毛江森庆幸能考上这样一所名校，有名师传道、授业、解惑。他的语文老师是国学大师许寿裳，数学老师是著名教育家崔东伯，听他们的课是一种享受。引人入胜的讲解，神奇变幻的物理、化学实验，都给他带来无穷的乐趣。毛江森最喜欢的是数理化，成绩都名列全班前茅，有两个学期，数学期末考试他是全班第一。

数学老师每次都出11道数学题目，其中10道每道算10分，做对100分就算满分了。最后一道难度大得多，作为附加题，让学有余力的同学去做。如果班上没有人答对，这道题就不计分数，如果有人做对了，就计算附加分。一次，同学们都围在老师的办公桌边看老师改考卷，一张张试卷改过，出现了不少高分卷，也有10道题全做对的。一位考了100分的同学有点得意地说："看来我算是高分了，这次的附加题我做不出，老师，您出题也太难了吧！"老师没有多说，只是说："再看看，难是难了点。"他仍埋头改试卷，一张卷子让他迷上了：一道道题都答对，字又写得漂亮，卷面清爽，特别是最后一道题，答得很认真，答题思路、结论全是正确的。老师不禁喜上眉梢，给打了个大大的红钩，一看名字，"毛江森"赫然入目，同学们一看都惊呼起来："毛江森全对了！"毛江森的名字深深地烙入了崔东伯的脑海，他特别地关注起了毛江森。在办公室，他还向其他

老师介绍了这位得意门生,毛江森的名字也就为更多的老师和同学所知。到了毛江森高中毕业的时候,几乎大半的老师都认识了这位聪明过人的学生。

1951年上学期是决定学生们命运的时候。一些部队到杭高来挑学生,他们到部队后就可以去读军事干校。毛江森也有点想去,可是妈妈从大老远的江山老家赶到杭州否定了儿子的这一想法。妈妈语重心长地说:"你身体弱,不能去参军,不说别的,光是训练,你身体就吃不消。"毛江森听了觉得在理。毛江森读的高中是春季班,本来读完高中要三年,到1951年上学期刚好是两年半,学校同意他们这些高中春季班的同学以同等学力去考大学。在填志愿时,儿时的经历促使毛江森想学医,当时全国最有名的医学院就是国立上海医学院,毛江森只填了这个学校。在浙江大学集中报名点,负责指导学生填报志愿的一位工作人员看了毛江森的志愿,善意而认真地提醒:"这个学校很难考,你只填一个志愿是有风险的呀!"毛江森心怀感激地对她说:"我现在是以同等学力参加高考的,就算这次没有考上,我还有机会考。"

德高为范——情满上海医学院

功夫不负有心人,毛江森考上了!高中尚未毕业,而以同等学力考进上海医学院,这在该校的招生历史上也是绝无仅有的。

来到上海医学院,校园里只见学生行色匆匆,学校操场芳草萋萋。毛江森心里暗自高兴:学校对体育课一定比较放松,要不然操场上也不会长满草了。他从小到大最怕的就是体育课。

毛江森被医学院良好的学风所感染，沉浸在浓浓的学习氛围中。没过多久，毛江森就深深地爱上了上海医学院。学校有个很大的图书馆，这让他如鱼得水，畅游在知识的海洋。晚自修上图书馆的人多，他们吃了晚饭就早早地去占位子。图书馆静悄悄的，只是偶然听到沙沙声，那是同学抄资料的声音。大上海十里洋场，灯红酒绿，可这对校园里的毛江森来说，是另一个世界的事，与他不搭界。

上海医学院是一所名校，先后出过30多名院士，在中科院生物医学部就有六七位。毛江森在读书时，学校拥有的教授数量仅次于北京大学。老师具有高尚的品德，对教学精益求精，待病人如亲人。教授带学生实习时，总是面带微笑来到病房，耐心地倾听病人诉求。给病人检查前，教授都先用力把自己的双手搓暖，以免病人不舒服。于细微处见精神，一个个细节，却是无声的教诲、灵魂的洗礼，毛江森看在眼里，记在心里。

临近大学毕业，老师特地给同学们上了一堂怎样查文献的课。老师的话令毛江森至今记忆犹新：学医就是要靠读书、靠实践，光靠学校读的书是远远不够的，教同学们怎么查文献，就是教给大家一种方法、思路……老师的话听来是那么亲切，如同妈妈对即将远行的儿子的叮咛。毛江森对上海医学院产生了一种特别的依恋情愫，他希望毕业来得慢点、再慢点。

毛江森衣着朴素，成绩优秀，为人诚恳，给老师和同学留下了良好的印象。学校团委组织部需要一位半脱产的学生干部，学生毕业了就可以在学校从事行政工作，他们看上了朴素谦和、学业优秀的毛江森。毛江森可没有想到留校这么远的事，只觉得老师信任就欣然答应了，做了两年的半脱产干部。

临近毕业时，他为同学们做的一件好事，改变了同学们的命运。1957

年离校前,"反右运动"来了。毛江森当时任年级党支部副书记,他与党支部书记一起,向学校党委副书记请求设法保护毕业班的同学,不搞"反右运动",征得了党委李书记的同意,全年级200多名学生幸免于"反右运动"。

学生们如期毕业,各奔东西,毛江森则踏上了北上的列车,来到了中国医学科学院。

(应向伟、吕国昌、徐裂,2006)

又上了一堂杭高课

"名家""精英"?毛江森向来不觉得这些词语会用到自己身上。每当人们称呼他为科学家的时候,他总是摆着手说:"什么科学家,我只不过是一个搞了几十年医药的老头子而已,花这么长时间搞一样东西,多少总会有点成就。"人们似乎很难从他口中得知他的骄傲所在。

其实只有毛江森自己知道,那一直埋藏在心底的、让他倍感自豪的事情,就是自己曾经是一名杭高的学子。正是因为出于这份对母校——杭州高级中学的自豪之情,所以每当听到有人夸奖杭高的时候,他的心头便涌上一股"我乃杭高学子"的喜悦。

"杭高",这两个字对于毛江森来说,是充满了回忆、饱含着深情的。在那里,有他曾经的奋斗与执着,也是在那里,让他找到了人生的目标,确立了自己的发展方向。所以,他舍弃了"科学家"这个头衔,一直自称"杭高子弟"。

谈起杭州高级中学,毛江森如数家珍:

我的母校的雏形是"杭州养正书塾"和"浙江官立两级师范学堂",后来经历了几次改制与发展,校名也更改了好几回,从"杭州府中"到"省立一中""省立一师",再到"省立杭高""杭州一中",到现在的杭州高级中学,至今已有百年历史。在这历经风雨的百年中,杭高取得了骄人的成绩:浙江最早的公立中学,浙江新文化运动中心,浙江规模最大的综

合中学,享誉全国的江浙"江南四大名中"之一。杭高始终坚持"科学、民主、求真、创新"的校训和"勤奋、求实、开拓"的学风,这也促使杭高在历史上好几次站在教育改革大潮与时代的前列。

在杭高历来的教师名单上,有着许多如雷贯耳的名字:陈叔通、沈钧儒、鲁迅、经亨颐、李叔同、夏丏尊、陈望道、马叙伦、朱自清、叶圣陶、蒋梦麟、崔东伯等,名家云集,光耀教坛。杭高的莘莘学子也是英才辈出:革命志士俞秀松、施存统、汪寿华、梁柏台、金甲武等;文化名流徐志摩、郁达夫、丰子恺、潘天寿、曹聚仁、柔石、冯雪峰、金庸等;科技精英姜立夫、陈建功、徐匡迪等……

忆校——为了那梦中的牵挂

寂静的夜色,浓浓的思绪伴随着无眠的毛江森在他那张躺椅上来回摇摆。最近几天,在他的梦里总是出现那绿树掩映着的美丽校园,他的高中母校——杭州高级中学如今已成了他心头一个情结,难以忘怀的高中岁月。

犹如电视画面,带着诗意的情绪,在毛江森的脑海中回荡:古朴的林荫小道,红砖白墙的教学大楼……慢慢地,他走近窗口。

每次从这样的梦境醒来,毛江森觉得心里有一种亲切熟悉的感觉,但是同时又会有一种淡淡的、化不开的空荡在心底升起。

今夜,又梦见在母校学习的场景了,梦境和回忆交织在一起,分不清彼此,都是那么的真切而熟悉,这种感觉让他久久难以平静。他知道,要再回去看看了。

这些梦境似乎在有意无意地提醒着他，不要忘记那曾经让他放飞梦想的地方。但是，又怎么可能忘掉呢？毛江森喃喃自语：母校之于我，就如同树根之于枝叶。叶再繁茂，总依赖于根的养分；枝再高大，对于根总有割舍不断的情怀。

所以，当收到母校百年庆典的请柬后，他放下了手头的所有工作，连夜赶写了一篇庆祝母校百年华诞的贺词（见本书第247页）。

这篇贺词便是毛江森在母校百年庆典的前一晚上，熬了近一个通宵赶出来的。尽管当时事务繁忙的他可以找助手代劳，但是出于对母校的诚挚怀念，他拒绝了助手的帮忙请求，他觉得这是自己对曾经培育过他的母校的一种态度。"可能写得不是很好，却是我一字一句熬到大半夜写出来的，这是杭高培育我们的一种'踏实'作风，也是我对于杭高发自内心的一种回应。"毛江森坚定地说。

当他在台上致贺词的时候，他再一次看到了梦境中出现的同学们那种热切而敬佩的目光。忽然，毛江森明白了，原来自己一直在梦中反复出现的那种激情并没有随着时光流逝而消逝，而是在杭高这片土地上生根发芽，不断传承和发展着，那是一种精神、一种文化，已经融合到每一个杭高"细胞"中去，成为他们今后生活中无法割舍的一部分。

2006年4月，转眼又要到杭高107年诞辰了。由于工作繁忙，毛江森已经有相当长时间没有回校看望过了，但是他一直念念不忘母校校庆的事情。他明白，自己今天所取得的成就同当年在杭高所受的教育是分不开的，确切地说，应该是得益于在杭高期间得到的那种浓厚文化氛围的熏陶。"科学、民主、求真、创新"这八个字是杭高的校训，这也是一直激励着毛江森在科学的道路上越战越勇的动力源泉。正是以"杭高学子"的

那股自信和勤奋,面对可怕的甲肝病毒,他从容无畏,在科学的殿堂里走出了一条康庄大道,在我国的科学史上画下了浓墨重彩的一笔。"成功"在给毛江森带来喜悦的同时,也带来了更多的思绪。"喝水不忘挖井人",正是这种饮水思源的深刻情感,让毛江森多少次在梦中回到这个曾经让他立志、让他专注的地方。

回校——关注母校沧桑变化

2006年4月25日下午,刚刚还是春雨绵绵,转眼已是晴空万里。地上并不湿,空气中弥漫着一股淡淡的泥土清香。毛江森缓步走在杭高校园内,绿草成席,绿荫如盖。尽管来过好多次,但毛江森仍不禁赞叹道:好一处清净的读书地!

毛江森的手机已事先关机,因为从毛江森的时间安排来说,有闲暇回一趟母校很不容易,所以他格外珍惜。此刻的他,只想要一点完全属于自己的时间,来好好体会重回母校所感受到的那股温情。

校园内很安静,虽说杭高地处杭州凤起路的闹市区,但是在校园里面听不见城市的喧嚣,枝繁叶茂的老树将嘈杂挡在了外面,宁静里间或的几声鸟鸣,让人心旷神怡。一条古朴的林荫小道,曲径通幽。毛江森喜欢这样的感觉,今天不仅让他回到了思念中的母校,更让他寻找到了一种心灵上的静谧,置身于这样的环境中,一切的喧闹繁杂情绪都被抛诸脑后,只剩下校园中那股浓浓的书卷之气和厚厚的文化氛围。"今晚估计能睡个好觉咯!"毛江森的一句玩笑,惹得同行的一伙人会心地笑了。

历史的沧桑让这里改变了很多,但是杭高的教学大楼总体而言并没有太多的变化，依稀还有当年求学时的感觉。杭高共有"七进"教学楼，是杭高在不同时期，因发展的需要而陆续盖起来的。虽然随着时间的推移与学校的发展，之前的楼房或毁于灾祸，或改造重建，但是杭高的整体格局还是从南到北的七排楼房，只是在建筑风格上有着很大的跨度，也是这样的风格跨度，诉说着百年杭高的辉煌与灿烂。

楼前的樱花树经历了将近百年的风雨侵蚀，已然是老态龙钟，虬枝盘曲，老树见证了毛江森的求学岁月。"记得当年，这里的樱花是校园内最漂亮的一个景致，每当落樱纷飞的时节，同学们便会三五成群地在这里边赏樱边赋诗，很是风雅。"在樱花树前，毛江森仿佛回到了学生时代。毛江森对杭高的一草一木都有着深厚的感情，一谈起来便滔滔不绝，一副东道主的模样："校园里的这两株樱花树是当年鲁迅先生任教两级师范学堂（杭高前身）时亲手种下的。这一株在'一进'教学楼二楼最西边房间的窗台下，那个房间正是现在杭高的鲁迅纪念馆；远一些的那株在'一进'的东端。当时鲁迅先生在两级师范学堂教授生理卫生课程，同时兼做日文翻译，有人说，他当时种这两株樱花意在明志——百年树人，一方面与自己的名字有关，另一方面也是要证明自己当好一名教师的决心。"

时过境迁，物是人非，两级师范学堂也已经变成了今天的杭州高级中学，而这两株樱花树则一直矗立在那里，这一立便是一个世纪，且不论其是否真如传言中那般乃树人先生明志所植，至少它的存在犹如杭高的文化传承一般，真正点缀了五湖四海杭高学子的心。毛江森感慨万千……

踏进"一进"教学楼的大门，校长缪水娟及老师们已经早早等候着了，简单的寒暄之后，一席人来到会议室坐下。简单的欢迎仪式，透露着杭高一贯的朴实作风，而让毛江森尤为感到亲切的是新任校长缪水娟，她

的和蔼、热情,让毛江森犹如回到了当年,老师们的言传身教又仿佛出现在眼前,回荡在耳边。

"你们这些校友对母校的关注和帮助,让我们觉得很欣慰,也很感动。"缪校长对毛江森说,"校友为杭高的发展起了很大的推动作用,尤其是在五六十年代成才的这些学子,为后来的学生树立了很好的榜样。一个人的成才,学校教育条件固然很重要,但是更重要的是榜样的作用,前辈的精神。这样的文化氛围能够让学生形成一种自我约束、自我学习的动力。"

当缪校长谈到关于学校的发展状况时,之前一直默默关注的毛江森急切地提出了一连串问题,因为他听说,由于体制改革,现在杭高的生源仅限于杭州地区,单一地区的招生是否会影响生源素质?缪校长的一席话,解开了一直萦绕在毛江森心头的疑虑。

"刚开始,学校方面也有过这样的忧虑,但是杭高现实的发展,让我们发现这种担忧是多余的。因为杭高百年的历史为学校打下了良好的文化根基,再加上像毛院长这样的一些老校友的关心和帮助,为杭高的发展打造了良好的环境。"缪校长还告诉毛江森,在良好校风的引导下,同学们努力学习,积极上进,有几位同学前不久还被评为"小科学院院士",其中丁舒珊同学还是全球第二位、中国首位FMO(近地小行星)的女性发现者,今年全校保送各地重点院校的毕业生已经有20多位。

早在1995年,杭高就已经被列为首批省一级重点中学,现在的学校占地110亩,有40个班级,是杭州市中心占地面积最大、办学规模最大的名牌中学。自20世纪90年代以来,学校率先推行"轻负担,高质量"的教学改革,以构建多元化课程结构、探索高效率教学模式为核心工程,以开辟特色化教学渠道为配套工程，以强化全程性教学调控、重视发展性师资建设、拓展多维性教育空间为保障工程，积极探索和实施素质教育，被授予了"浙江省文明单位"等称号。学校每年向全国各大高校特别是重点大学输送一大批优秀毕业生，并在全国各省、市各类赛事中取得佳绩，校园文化缤纷多彩，学生社团活跃，具有悠久传统的杭高铜管乐队、足球队全市闻名。1999年5月18日，时值杭高百年校庆之际，当时的中共中央总书记、国家主席江泽民为学校题词："重视基础教育，提高国民素质。"

听到母校取得的巨大成就，毛江森倍感欣慰。回想当年自己毕业之后，一直默默地关注着母校，后来听说母校分离了初中部，缩小了招生范围，让他牵肠挂肚。如今听到这一切，毛江森重重地舒了一口气，自己的忧虑总算可以释怀了。

畅谈——与小校友们分享成长经历

正当谈论之际，来了几位同学，在场的老师介绍：这几位是我们学校今年保送到全国各大高校的同学，今天他们听说毛院长来了，特意要求见见师兄，聆听一下教诲。

毛江森循着老师的话语声望去，见小师弟、小师妹们略带羞怯地站在会议室门口。"过来，过来，都到我们身边来坐。"毛江森亲切地招呼同学们进来。看着他们那稚气的小脸蛋上挂着或大或小的眼镜，毛江森一阵心疼："五个人里面有四个人戴眼镜，读书辛苦，要注意身体啊！"这也不禁勾起了他当年体弱求学的回忆："我读书的时候，身体很差，经常因为生病而中断学习，有时候一生病便是好几个月，这一来，一个学期就被耽误

了,所以尽管我5岁就开始上小学了,但是当我上高中的时候,跟其他同学的年纪也差不多。后来考上了上海医学院,让我最高兴的一件事情就是上海医学院的学习氛围非常浓厚,大家学习都很用功,所以学校里的草坪都有半人高,大黄狗进去不出声都找不到,这让我很开心,因为可以不用上体育课了……"一番风趣的话逗得在场的人一阵欢笑。

毛江森一再叮嘱同学们要保重身体,学习的时候要注意劳逸结合,因为身体是革命的本钱。他以自己小时候的切身经历告诉同学们这个朴素的道理:小时候,饱受病痛折磨的他,经常在想,如果自己有一个强健的体魄,那该有多好。有一次,毛江森因为生病,只能躺在床上。尽管为了不让他闷坏,姐姐和父母轮流陪着他,给他讲故事,但是那段时间,毛江森一点也不开心,他多么希望可以像其他小朋友那样,开开心心地背着书包去学校里上学,听老师讲课,跟同学们讨论问题……而虚弱的身体却让他只能躺在床上偷偷地哭泣,他的哭声,常常会引来家长心痛的叹息,这让毛江森觉得很有负罪感,后来他再也没有因为这样的事情哭过。在他的心里,则非常渴望一个传说中的神医能让他药到病除。然而当时的农村医疗条件极差,他的梦想一次又一次地破灭,就这样,在希望和失望中,毛江森断断续续地读完了小学和初中,后来上了杭高,学校浓厚的文化氛围以及老师们的深刻思想,给了他很大的影响。他暗暗下了决心,要成为一名好医生,去解决农村缺医少药的问题。"其实,我的想法很简单,就是想当一名医生,可以为穷苦大众治病。"他的经历和决心让在场的每一个人都为之钦佩。

"这位同学是我们今年保送清华大学的许杭华,这位是保送中国外交学院的陈斌杰同学,还有……"坐在一旁的老师仔细地向毛江森介绍着方才进来的学生。

毛江森看着他们，点头微笑："你们都很优秀，但是保送并不意味着努力的结束，而是代表一个新的开始，在今后的道路上，你们应该找到自己的兴趣点，这样才会有去钻研的动力。我在杭高读书的时候，最喜欢的就是数学，解题到深夜是很平常的事情，当时就是兴趣在支撑着我不断向前。"毛江森的一席话，引来在座的学生纷纷点头认同。

毛江森看着那一张张年轻而自信的小脸，身处其中，也不禁触动了自己少年时那股"书生意气，挥斥方遒"的激情："高中毕业的时候，我报考上海医学院，就只填了一个志愿。当时浙江大学有一位好心的工作人员提醒我说，这样风险太大了，让我再补填几个，被我谢绝了。我下定了决心，非上海医学院不读，那是我的目标和追求，是不能轻易动摇的。"

毛江森平日里话并不多，但是今天见到了这些年轻的师弟和师妹，他的心情特别好，话匣子也就打开了："杭高的子弟就是有这样的自信。因为在杭高，自尊、自爱和自信历来是我们的传统，这种品质并不是个人的，而是来自杭高百年的历史文化传承。像我们当时读书的时候，出去买东西，那些店老板知道我们是杭高的学生，都非常照顾我们，但是我们从来不因此就骄傲自大，也从不因为是杭高学子而看轻别人，我们自豪，但是从不骄傲自满。"

当时的杭高并没有校服，但是学生都统一佩戴着一枚三角形的校徽。有几次毛江森和几位同学去店里买东西，老板看到了校徽，知道他们是杭高的学子后，对他们关爱有加。有一次，甚至有好几个人围着他们不断夸奖他们是祖国的栋梁。这让毛江森受宠若惊，但是同时也让他感到了肩负的责任。人们对他们关注的背后，更多的是一种期望，期望他们可以成为

推动国家繁荣强盛,让百姓安居乐业的栋梁之材。

在这之前,毛江森一直都觉得自己身子弱,能活下来已属不易,更别提要救国救民了。然而经过这些事情,毛江森忽然明白了,在他生存和读书的背后还有着更为重大的意义,他背负的不仅仅是父母的期望,还有无数双陌生的热烈期盼的眼睛在望着他,这让他树立起了坚定的信念和自信,也让他加倍努力地学习。

几十年后,当毛江森和他的同窗好友胡庆澧(原世界卫生组织副总干事,现上海交通大学医学院校长顾问、瑞金医院儿科终身教授)相约着一起回到杭高校园的时候,他们同时发出了这样的感慨:母校不仅教会了他们知识,还为他们的终身发展奠定了基础,让他们对生活始终充满希望。

"杭高,让我们树立起了自信心,坚定了报效祖国的决心和信念。但是,我想告诉同学们的是:不要太早给自己定性,不要盲目去运用这份自信,这样容易让人变得偏执。你们现在是厚积的时候,要尽可能多地学习各方面的知识,在这个过程中,你们会发现自己不断地对新事物产生兴趣,这样很好,不要担心自己兴趣太多会妨碍发展,到最后你们会自然地找到一个适合自己的发展方向。"毛江森以自己的经历告诉同学们:"刚上高中的时候,我对数学很感兴趣,一直都觉得自己今后会走数学研究的道路,但是最后,我选择了医学这条道路,考进上海医学院后,我发现,病毒研究是一个更为五彩缤纷的世界,越钻就越喜欢,这一做就是40多年。"

"毛院长小时候身子弱,胆子也小,虽然上课坐在第一排,但是老师反映他上课不太主动发言。而我们可以看出,他在这么多年的医学科研道路上,付出很多很多。你们要好好品味这种精神,尤其是在今后的道路上,要好好学习这种多做实事的作风。"缪校长的总结发言让同学们频频点头,也让毛江森再一次融入了杭高学子虚心好学的风尚中去,这让他觉得,这次回母校的收获着实不小,也为母校能够一直保持这种学风而快慰。

又上一堂杭高课

校史馆是毛江森每次回到母校都必定会去参观的地方。在那里,他可以找到母校熟悉的味道,没有时间的界限,更没有空间的约束,可以亲切地重温母校百年情怀。而恰巧,毛江森拜访的当天是杭高新的校史馆建成验收之日,这让毛江森觉得十分荣幸,因为他将成为第一位参观新校史馆的校友。

新的校史馆坐落于杭高校园的东南侧,展馆共分为三层六个部分,从近代的林启创办"养正书塾"开始,一直到杭高当代的发展情况,都在这里有着详细的介绍。而此次校史馆的迁建改造是杭州市"一纵三横"工程的重要组成部分,受到政府相关部门的高度重视。

午后的阳光灿烂而不耀眼,晒得人暖洋洋的,花儿随着春风带来阵阵清香。一行人来到校史馆外,毛江森深深地吸了口气,满意地微笑。时值学校期中考试,对毛江森回访母校的欢迎仪式非常简单,没有鲜花,没有掌声,更没有隆重的欢迎会。毛江森一点也不在乎这些,此时,他心中关注的只是校史馆的变迁,一座小小的陈列室可以让他更直接地感受母校的辉煌,更近距离地了解母校百年的发展历程,同时也可以拾起更多的少时回忆。

有人说:重感情的人,会容易念念不忘过去。毛江森觉得自己就是这

样一个人,在他的心中,常有放不下的人和事,哪怕历经沧海桑田,在他的脑海里,总会浮现点点滴滴的往事云烟,常常会在不经意间触景生情。

杭高便是其中一个重要片段。1948年,带着全家人的期盼,带着对未来的憧憬,毛江森第一次走出了江山县,来到了省城杭州。"钱塘自古繁华……有三秋桂子,十里荷花",这些都给毛江森留下了深刻的印象,然而印象最深刻的还是记忆中杭州高级中学那气势恢宏的校门,当他在校史馆"现代"展区中看到自己求学时代的校门照片时,情绪颇为激动,他转身带着兴奋的神色告诉我们:"喏!这就是我上学时候的杭高校门,在当时可是非常气派的建筑,后来由于历史原因遭到毁坏,真是很遗憾。有段时间还有校友希望按照当时的模样进行恢复重建呢,但是那终归还是属于历史的。"

历史的沧桑抹去了很多东西,但是也留给人们许多回忆。在毛江森的记忆里,走进那扇校门,正对的便是杭高那颇具特色的教学楼,透过枝叶繁茂的树影,"勤奋、求实、开拓"几个烫金大字赫然在目。果然,在"时代"展区的中央,正对着"大门"有一张过腰高的长方形大桌,上面摆着杭高"七进"教学楼的模型。"这些教学楼在当年都是很高的楼房。"强烈的空间感让毛江森不禁伸出手来,指着其中的一排楼房说,"当年,我就住在这幢楼内,上课在这边。"对于这一切,毛江森记得真切,因为他就在这里整整生活了两年半,饱含求学的回忆,满载少时的思绪。

在那段时间,有很多事被深深地刻在了毛江森的脑海中,也有很多人对他的人生产生了深远的影响。校长裘颂兰便是其中一位,他的和蔼可亲、教书育人的长者气度,给毛江森留下了深刻的印象。由于裘校长中年谢顶,所以在当时,调皮的同学给这位校长起了一个外号叫"压普尔",

这是当时一种电灯泡的名称。"年幼无知时一个不敬的戏称，现在回想起来却很有深意。他，照亮了我们后来的人生道路。"毛江森喃喃自语。当看到老校长的照片时，他带着崇敬的目光，默默地注视了许久。

在"现代"展区，负责讲解的老师也很自觉地停止了解说，静静地跟着。因为大家都知道，毛江森对这里的了解，比在场的任何一个人都来得深切。毛江森静静地参观、回忆，仿佛融入了母校那百年的沧桑中去，与历史对话，与求学时代的自己对话……

当来到院士墙前，讲解老师介绍：这是我们杭高的院士墙……

看着挂在墙上的一幅幅照片，或是同窗知己，或是相知相识的好友，或是有所耳闻、神交已久的校友，一张张面孔，透露着坚定和自信。他知道，这面墙是母校的一大特色，也是杭高光辉历史的见证，这更让他觉得荣幸，因为自己也是其中的一员，是母校引以为豪的子弟之一。在墙前，缪水娟校长说："这45位院士都曾经是我们杭高的学子，这是我们杭高的荣耀。这就是毛院长您的照片。"顺着校长指的方向，毛江森找到了自己的照片，照片的背景是一书架的书，面前的桌上，书本翻开着，毛江森手中拿着眼镜，似乎是读书读得累了，把眼镜摘下来休息一会儿。一旁的老师解释道：由于毛院长的近身照片实在很难找到，而他又忙，就一直用这张工作照了。

自己天天想着要为母校做点事情，但是母校作为校史资料的照片自己都没有想到要准备一张，毛江森觉得很惭愧。他站在院士墙旁，对在场带了照相机的老师说："帮我拍一张近身的照片吧！"

校史馆的三楼是整个展馆的第三部分——"当代"展区，这是毛江森一直以来关注的地方。母校的发展现状可以通过这里进一步地了解到。当

看到杭高学子在体育、文学、天文等方面都载誉而归的时候，毛江森兴奋了："杭高历来就有好的传统，注重学生的全面发展，想当年，所有学校都没有实验课程的时候，杭高就已经有了自己的物理、化学、生物实验室。"毛江森喜欢向别人介绍自己的母校，尽管这次在场的大多数都是母校师生，但是他还是忍不住要去讲解一番。在他的心中，一直就有着一种杭高情结，这已然融入了他的血液之中。

（应向伟、吕国昌、徐裂，2006）

站在科学的前沿

只要世界还在发展,就不存在"终极真理",真理是对客观存在的事物的真实反映,是绝对性与相对性的统一。检验真理的唯一标准就是实践。一个科学结论,在一定时期内是真理,而随着事物的发展、人们认识水平的提高和深化,就可能需要进行修正才符合发展了的客观实际。

挑战"中心法则"

在毛江森的办公室,他小心翼翼地打开包得好好的资料,对我们说,这是当年在协和图书馆看书做的笔记。我们惊诧不已:40多个春秋过去,质地本来就不太好的纸张微微泛黄,可是内容保存良好,字迹也依然清晰可辨。这是毛江森心血的结晶,它默默地诉说着毛江森在攀登科学高峰路上的一段段史实、一个个沉稳的脚步。耳听着毛江森向我们娓娓道出往事,再翻开一页页读书笔记和书稿,我们仿佛在倾听正在远去的历史的回声——震撼人心、永不消逝的真理法则之声。

1964年,毛江森在中国医学科学院基础医学所生化系进修。当时的生化系有些工作已经处于国际前沿水平。指导毛江森工作的李士谔教授从英国归来,是一位著名的酶学专家。在李教授的指导下,毛江森从事大鼠肝色氨酸吡咯酶表达的研究,结果未能证实当时知名华裔学者牛满江等人所

做的类似工作的结果。此后,毛江森一头钻进了中国协和医科大学图书馆……

中国协和医科大学是我国唯一的八年制重点医科大学,其前身是"北京协和医学院",由美国洛克菲勒基金会于1917年创办;而中国医学科学院成立于1956年,是我国唯一的国家级医学科学高级学术机构和综合研究中心。中国协和医科大学由国家教委和卫生部双重领导,与中国医学科学院实行院校合一的管理体制,互相依托,优势互补,教研相长;机构编制在国内规模最大,实力最强,研究领域学科齐全,综合优势显著。学校是在比较宽广的科学研究和临床医疗环境中办学,其宗旨是高层次、高质量。

学校本部坐落在首都的繁华中心区王府井,离天安门只有一箭之遥,环境幽雅,属典型的中式建筑风格。数十年来,学校为国家培养了一大批具有真才实学、作风严谨、医德高尚、医术精湛、诲人不倦的医学科学家和医学教育学家,对我国医学教育和医学科学事业的进步与发展起着积极的推动作用,在国内外享有较高的声誉。

协和图书馆为全国医学中心图书馆,为教育、科研和医疗工作提供了丰富的资料。就算在国家"三年困难时期",各行各业的财政开支都在缩减,协和图书馆都似乎有种特权,书刊照订不误,而且有相当多是原版的外文期刊和图书。浩如烟海的书刊使毛江森大喜过望,每天一早就出门到图书馆,带上馍馍,中饭就着开水充饥。时间一长,图书管理员都认识了这个小伙子,都会与他打招呼。

在图书馆,毛江森看到一篇篇国外最新的文献兴奋不已。一次,他看到一本英文版《生命科学》杂志,眼睛为之一亮,因为当时连这个名称都是十分新鲜的，国内还没有这样的叫法。他如饥似渴地研读，前沿的科学、前卫的观点，让毛江森充分体会到了科学需要敏感性。书，人人会读，可是读的方法不同，结果也不同。毛江森在图书馆研读了158篇论文，但不是照单全收，而是反复地思考。他不满足于人家的思考结论，而是多问几个"为什么"，每读一篇论文，他都做了笔记。论文的创新处是什么？哪些是科学的前沿问题？各个国家科学家的研究程度、研究方向、研究方法有何不同？他以科学的思维，吸收新观念、新知识，又力求自己思维的突破。他认为，知识有继承性，创新发明其实都是在吸收前人的经验与成果的基础上，再经过自己长久的知识积累，进而运用科学的思维，最终取得理论和实践突破的过程。每个人都站在前人搭建的平台上，你有了新的思想，就可能站在更高的平台上，知识有量的相加和质的飞跃两个过程。而质的飞跃往往是一个突破，就可能是创造发明。毛江森在研读了158篇论文后，思想上有了一个质的飞跃。他有了一个新的惊人发现，那就是对遗传学"中心法则"的大胆怀疑。当有这个想法时，他自己都吃了一惊，因为这是被科学界都认可的法则，对此怀疑，那不是向科学权威提出挑战吗？

  遗传学的"中心法则"是描述从一个基因到相应蛋白质的信息流的途径。遗传信息储存在DNA中，DNA被复制传给子代细胞，信息被拷贝或由DNA转录成RNA，然后RNA被翻译成多肽链。

  为了见证毛江森的科学敏感性，我们不妨看看"中心法则"的发展历史。分子生物学上，可以把DNA、RNA和蛋白质的关系概括为以下三点：①DNA链上的核苷酸有一个序列，该序列就是遗传信息；②DNA双链拆开，以每条单链为模板，按照碱基互补配对的原则，合成新的互补链，此即DNA的复制；③以DNA双链中的一条为模板，互补合成mRNA，此即转录。然后以三个核苷酸决定一个氨基酸的方式，根据mRNA的核苷酸序列合成多肽，这是翻译。

以上几个方面就是"中心法则"的内容。"中心法则"强调了遗传信息的一般流向：遗传信息由DNA传向DNA，或由DNA传向RNA，然后决定蛋白质的特异性；遗传信息不可能从蛋白质传向蛋白质，或由蛋白质传向DNA、RNA。

由于研究工作的不断深入，"中心法则"也有了新的发展，很多RNA病毒，如脊髓灰质炎病毒、流感病毒、双链RNA噬菌体及多数单链RNA噬菌体，在被感染的宿主细胞内进行复制，这种复制是以导入的RNA为模板，而不是通过DNA。如用放线菌素D处理宿主细胞，抑制其DNA的复制与转录，但并未影响RNA病毒的产生，这表明病毒RNA的复制并不通过DNA。

现在知道，以RNA为模板合成RNA，即复制RNA，是由RNA依赖的RNA聚合酶来催化的。每种RNA病毒都有自己独特的复制酶，有自己的基因编码。Spiegelman等人从感染大肠杆菌的噬菌体Qβ中分离得到了该RNA聚合酶，并在此基础上通过实验，充分证实了RNA也可以作为模板，由RNA复制RNA。

1970年，巴尔的摩（D. Baltimore）和特明（Temin）在致癌的RNA病毒中发现一种酶，能以RNA为模板合成DNA。他们称这种酶为依赖RNA的DNA多聚酶，现在一般称为逆转录酶。这就是说，遗传信息流也可以反过来，从RNA到DNA。这是一项重要的发现。巴尔的摩和特明于1975年荣获诺贝尔奖。

遗传信息可由RNA传向DNA，这在遗传信息的流向问题上开辟了一条新的途径，可以说是"中心法则"的一项重要的新发展。鉴于生物的多样性，随着科学研究的不断深入，对"中心法则"的进一步补充、发展，也是意料之中的事。

1981年，切赫（T. R. Cech）等人在四膜虫中发现自催化剪切的tRNA。1983年，阿尔特曼（S. Altman）领导的一个研究小组发现大肠杆菌的核糖核酸酶P的催化活性取决于RNA而不是蛋白质。这意味着RNA可以不通过蛋白质而直接表现出本身的某种遗传信息，而这种信息并不以核苷酸三联体来编码。这是对"中心法则"的又一次补充和发展。切赫和阿尔特曼荣获1989年诺贝尔化学奖。

毛江森曾探讨了病毒感染细胞的机制，在由中国医学科学院主办的刊物《国外医学》1965年第六期上发表了题为《病毒感染细胞的机理》的论文。在分析了特明于1964年用劳氏肉瘤病毒（RNA病毒）在艾氏腹水瘤细胞感染后分析到有病毒特异的DNA这一初步的结果后，曾试图将这一结果提升为一般生物学现象，从而强调指出"信息有可能从RNA传给DNA"这一新观念。毛江森的论文发表后，并没有多少人注意，李士谔教授曾认真读过毛江森的论文，并对他的论文给予了高度评价，认为毛江森是中国第一个认识到信息有可能从RNA传给DNA的人，是国际上能认识到遗传信息有可能逆转录的极少数科学家之一。遗憾的是，由于当时条件的限制，没有任何可能以实验加以证实，仅属理论上的推导，未能引起他人的注意，也没有起到应有的推动作用。

有趣的是，40年后的2005年11月，同样是在《国外医学》刊物上，发表了一篇记者报道："中心法则"又一次受到挑战。报道说，"中心法则"主要是描述遗传信息是如何在DNA、RNA和蛋白质之间流动的，最近有研究人员发现一种蛋白质，它可以复制出DNA，从而对现有的"中心法则"提出了挑战。相关文章发表在 *Science* 上。后来，科学家发现造成疯牛病的朊病毒对"中心法则"提出了最严峻的挑战，认为朊病毒可能不含有核酸，但是可以在体内进行复制。而后来实验证明，朊粒确实是不含DNA和RNA的蛋白质颗粒，但它不是传递遗传信息的载体，也不能自我复制，而仍是由基因编码产生的一种正常蛋白质的异构体。最近，来自Mount Sinai医院的研究人员发现了一种蛋白，它可以为DNA复制提供编码信息。在DNA复制时可以利用一条单链，根据G-C、A-T配对原则复制出新的DNA链。细胞在面对一些存在致癌物质的环境（包括吸烟）时必须依靠一些特殊的机制来抵抗压力。许多致癌物质会倾向于破坏DNA鸟嘌呤（G），有时是破坏鸟嘌呤与胞嘧啶（C）的配对，这些都会导致错配的发生。新发现的蛋白叫Rev 1 DNA聚合物，它可以以自身为模板在复制链上加一个胞嘧啶。这个C是无论G是否在DNA链中存在都会被Rev1加上去的。这是研究人员第一次发现蛋白质作为一种合成DNA的模板。细胞利用这种崭新的机制在含有致癌物质的情况下对受损的DNA进行复制。这开启了一种预防与治疗癌症的创新研究模式。

每当回想起往事，毛江森既感到欣慰，又感到遗憾，有时人离成功往往只一步之遥，可是由于种种原因，这样的一步可能又是永远无法企及的，或是永远错过了机会。对于科学家来说，这是永远的心痛。

我国研究干扰素的第一人

干扰素是一种天然的抗病毒蛋白质。

病毒的相互干扰是早已被认知的现象，即当人（或动物）受到第一次病毒感染之后，会干扰（或阻止）第二次病毒的再感染。1957年，英国的Isaacs和Lindenmann证明这是由于第一次病毒感染时，产生了一种物质叫干扰素，它可以干扰第二次病毒的感染，所以干扰素是天然存在的抗病毒蛋白质。在这以前，科学家已发现了磺胺和抗生素，对于细菌的感染产生了很好的治疗和防范作用，但人们对于病毒的感染，当时仍束手无策，所以干扰素的发现就引起科学家们的极大重视和兴趣，希望能将它用于防治病毒感染性疾病。

1960年，在担任黄祯祥教授助手期间，毛江森曾率先在我国展开干扰素的研究，发现乙型脑炎病毒-鸡胚单层细胞是良好的干扰素产生系统，较系统地研究了影响干扰素产生的各种条件和获得高浓度干扰素的方法，并阐明D_2O对病毒增殖的促进作用与抑制干扰素有关。他在《中国科学》及《微生物学报》上发表有关论文6篇。

毛江森以敏锐的眼光和科学的思维，在论文中提出：细胞在感染病毒后可能会产生20多种细胞因子。毛江森是我国研究干扰素的"开山鼻祖"，他极大地促进了我国干扰素研究工作的开展。

干扰素是人体分泌的一种蛋白质，具有广谱抗病毒、抗肿瘤和免疫调节功能，是人体防御系统的重要组成部分。20世纪80年代，美国、瑞士等国的科学家以基因工程的方式，把干扰素制备成治疗药物，并投放市场，很快成为国际公认的治疗肝炎、肿瘤等疾病的首选药。

有人说，21世纪是生物工程的世纪，而基因工程又是生物工程发展的主流方向。20世纪60年代，毛江森在研究时发现在"病毒-细胞"系统难以产生高浓度的干扰素，从而产生走生化工程路子的想法，到如今的基因

工程,时间过去了数十年,毛江森当初的研究起到了铺路石的作用。

前瞻性的思维

回顾自己搞科研的历史,毛江森认为,搞科学研究要有前瞻性、发散性思维,还要有执着的精神。在他下放甘肃期间,有一次,他到昆明开会,听到有人说,美国的科学家Temin教授等人在20世纪60年代末证实了RNA逆转录酶的存在,为分子生物学的到来打下了基础,并获得了诺贝尔奖。他的心为之一震!因为毛江森在国内第一次设想"遗传信息有可能从RNA传给DNA",对当时的"中心法则"是一大冲击。可是他的论文在《国外医学》发表后没有引起人们的注意。虽然他的文章刊载在头版位置,但是这本杂志在不少人眼里只是一本科技普及类的杂志。毛江森的论文没有引起人们的注意,更不用说是重视了,接踵而至的"文化大革命",更使他进一步研究的梦想彻底破碎了。而几年之后,原来处于同一认识水平的外国科学家因为锲而不舍的研究终于获得了诺贝尔奖。还有自己的导师黄祯祥教授与诺贝尔奖失之交臂。这样的例子不在少数。毛江森认识到,搞科学研究一定要有冷静的头脑,要沉得下心,可是往往是"树欲静而风不止",科学家虽不是江湖中人,可有时照样是身不由己。

毛江森从自己的科研经历悟出了科研选题和立题的重要性。他告诉我们,选题和立题是每一项科学研究的起点,它是指导科学研究的主线,对科学研究具有战略意义。正确地提出问题等于解决了问题的一半。正如爱因斯坦所说的"提出一个问题往往比解决一个问题更重要",因为提出问题需要有创造性的想象力。

通常的医学科研课题来源包括国家选题、单位选题和个人选题三种。个人选题往往是根据自己的实践经验，从医学科学研究的发展与实际需要来选择题目。国家和单位选题是国家和单位迫切需要解决的实际问题，往往是由专家论证提出的，这些题目的特点是主攻方向明确，有严格的申报与评审程序，研究经费有保证。无论是国家、单位或个人的选题，都有一个提出问题、论证及确认的过程。问题的产生可源于如下几个方面。

（1）医疗卫生的实际需要。实际需要应作为我们选题的着眼点。当前危害人民群众健康的主要疾病是什么，在疾病防治中的主要困难是什么，就应该选什么作为我们的研究课题。

比如我国20世纪70年代以后，病毒性肝炎已逐渐成为危害人群健康最重要的传染病，而且在诊断、治疗、预防等方面均存在许多亟待解决的问题。因此，在毛江森把甲肝病毒作为自选课题进行研究后，国家在"七五""八五"和"九五"科研计划中，均把病毒性肝炎的防治作为重点课题。随着国家工业化进程加快，环境质量不断恶化，环境对健康的影响日益受到重视，因此，环境与重大疾病的关系的研究已列入1999年国家重点基础研究发展计划（"973计划"）中。

（2）直觉产生的预感。许多重要的个人选题都来自直觉。要保持一种对某些特殊问题或异常现象进行探索和研究的兴趣，要有对事物寻根问底的精神，要善于发挥自己的灵感，抓住特殊的问题。不要轻视由预感或闪念而产生的初始想法，因为它们往往是很有意义的科研的开始。

（3）既往研究的延续。许多医学科研工作者是在自己或他人既往工作的基础上，在解决老问题的同时，提出了新问题。这些课题可能是既往研究基础上的更高层次的延续，也可能是验证性的重复研究。比如在鼻咽癌

的研究中,首先发现鼻咽癌的发病与遗传关系密切,因而提出了寻找鼻咽癌易感基因的课题。

(4)文献"缝"里找选题。通过大量查阅文献,可了解某研究领域研究的成果、存在的问题及努力的方向,从而提出自己所要研究的课题。对于刚开始从事科学研究的人来说,由于没有研究基础,往往是从阅读文献开始,逐步确立自己的研究方向和目标。

另外,要有对人民健康高度负责的精神,不要轻信那些自己觉得有怀疑的"定论",解放思想,不迷信权威,就有可能提出新的观点。如果当初不是由于"文化大革命"等原因,毛江森能对"遗传信息"进行深入的研究,完全有可能取得惊人的成就,就像他后来对甲肝病毒的研究取得巨大成就一样。

军大衣情结

人生中的每一个脚印都有一个精彩的故事。

毛江森在书海中汲取知识,乐在其中。他坐在医科院暖融融的图书馆里,一边一页页地看书,一边做着笔记。突然,他注意到挂在衣架上的棉大衣,噢,从秋天到冬天,泡在图书馆不知不觉间又过去几个月了。看到这件已陪伴他四个年头的草绿色军棉大衣,温馨的回忆又被勾起。

那是1961年的冬天。北京的气温本来就低,加上寒风凛冽,刮在脸上生疼,街上的行人稀少。当时正处在国家困难时期,店里的商品都是孤零零摆放着,也没有什么人购买,店员都是愁眉苦脸的样子,而且面黄肌瘦。毛江森记得刚到北京的那几年还有米饭、馒头供应,虽然是定量,但还能凑合着过,饭不够就多吃点菜。可是到了"三年困难时期",他们也只能吃窝窝头,而窝窝头硬得难以下咽,一顿饭往往要吃很长时间。长期吃不饱,营养严重不良,导致毛江森得了肝炎,全身水肿,只好休息三个月。

　　一大早,毛江森就穿着一件带帽子的棉袄出门了。这是前几个月妻子陪他去王府井大街买的,为了买这件衣服,夫妻俩还真是下了一点决心呢。眼看就要入冬了,妻子早就盘算着给毛江森买件棉大衣,可是两个人一个月的工资加起来只有100多元,家里又有两个孩子,必须给他们多增加点营养,有时会想方设法弄点好吃的给孩子吃。毛江森告诉妻子,双方的大人苦了一辈子,该给家里寄点钱。按照约定,结婚后他们每个月都雷打不动地给家里寄点钱。有一天,毛江森路过传达室,门卫马上叫道:"毛江森,有你的信。"毛江森兴奋地来到传达室,他接过信,熟悉的字迹让他一下子感到很温暖,家书抵万金啊。他像捧着一件宝贝似的,将信拿到办公室,用一把小刀轻轻地割开信封,像对待一件艺术品一样。

　　"儿子,儿媳……几次钱都如数收到了,你们在外生活不容易,还要带小孩,要注意营养,别饿着了,我们身体都好,以后就不要往家里寄钱了……"

　　看着看着,毛江森的眼泪情不自禁地流了下来,他知道父母的倔强,生活再困难,都不愿意向孩子说。毛江森每次寄钱回去,他们都要等几个月才回,虽然父亲说是事情忙,没有及时回信,可是毛江森知道,他们是舍不得邮票的钱。所以毛江森每次都在汇款的附言里写上:如果每个月不能按时收到钱再写信来。

　　毛江森回到家里,将信交给妻子。贤惠的妻子看了信,沉默了一会

儿,说:"还是按原来的寄给他们吧,我们自己省点就行了。"毛江森一时语塞,千言万语涌上心头,可是他说不出来。妻子说:"下个月工资发下来,给你去买件棉大衣吧,北京天冷了,不能冻着。"次月的工资发下来了,刚好凑上星期天,妻子拉上毛江森到了王府井大街。看看价格,比比样式,终于选中一件满意的。毛江森穿着厚厚的棉大衣,转了两个身,妻子满意地笑了。毛江森看到妻子在付钱时生怕搞错的样子,心里生出了一丝愧疚:我买了棉大衣,家里的开支又得紧点了。

此后,毛江森每天就穿着这件大衣去上班、进图书馆,因为室内有暖气,到了图书馆,他就把大衣挂在衣架上。过了没多久,一件意想不到的事情发生了。一天,他在图书馆里照常从早待到晚,图书馆要关门了,他把书小心地放回书架,起身想拿棉大衣,可是棉大衣不见了,他心里一下子凉了半截。他想:是不是放错了地方?他转了一大圈,该找的地方都找了,还是没有找到。图书管理员也帮着找,也没见大衣的影子。毛江森意识到,是有人顺手牵羊给拿走了,这可是他和妻子省吃俭用,咬牙买下的,说没就没有了,毛江森心疼极了。

没有了棉大衣怎么办呢?外面天寒地冻的,毛江森只好一路小跑着回家,增加身上的热量。回到家里,妻子吃了一惊:"大衣呢?"毛江森只好说了原委。妻子没有多说什么,她倒显得大度:"想来这个人也是太困难了,要不然读书人不会这样的。"第二天,妻子找出几件旧的内衣,让毛江森穿上挡挡风寒,她心里明白,这次的衣服一丢,手头一下子是没有钱再去买了,好在穿里面的衣服破点旧点也没有人注意到。毛江森就这样上班去了。

到了单位,毛江森愁眉苦脸,说了头天碰到的懊恼事,一位叫李思翘的教授默默地听着。李思翘毕业于上海医学院,是毛江森的师姐,已经是儿科教授，当过情报研究所所长。她见毛江森不太说话，可是很好学，科学思维很活跃，就像爱护弟弟一样处处关照毛江森。毛江森讲话时，她都会当一个耐心的听众，出生于北方的她又有豪爽的性格，毛江森说得不对或是做得不对的地方，她都会直爽地指出。因此，毛江森对她一直敬重有加。

下班时，李思翘走到毛江森身边，轻轻地说："明天你早点来，我给你带件衣服。"毛江森听了，简直不敢相信自己的耳朵，急忙说，我家里有，家里有呢。李思翘笑了笑，好像看穿了毛江森的心思似的："你当我不知道啊，你们每个月的工资都花得光光的，哪还有钱再去买一件啊？"毛江森对这位知冷知热的大姐多了一份敬意。他激动得从单位一路走回家里，路上也不觉得冷了。回到家里，他把这件事与妻子说了，夫妻俩好一阵激动。第二天，毛江森一早就到了办公室，果然，李思翘笑呵呵地拎着一件草绿色的军大衣过来说："这是我先生部队发的，反正他有两件，这件送给你。"毛江森一时不知说什么好，"那他不是只有一件了？""没有关系，部队以后还会发的。"毛江森读过魏巍的《谁是最可爱的人》，对军人一直怀有崇敬之心。过去，他只是远远地看过军大衣，它比店里买的棉大衣让人多了一份敬意，可他从不敢奢望自己能够拥有一件，现在却真切地拥有了！毛江森爱不释手地抚摸着军大衣，这是一件厚实的军大衣，凝聚着一份浓浓的情意。毛江森激动之情溢于言表，他听从李思翘的话，马上穿了起来。李思翘点点头："挺合身的。"过了一会儿，办公室的同事来了，他们看到毛江森穿着厚厚的军大衣，一下子明白了，都带着羡慕的神情说："李大姐真好。"

从此毛江森对李思翘更多了一份依赖之情，毛江森夫妻俩都把李思翘

当成姐姐看待。岁月沧桑,他们的这份情谊永远没有变化。毛江森说,这不仅仅是一件御寒的棉衣,更是一份厚重的情谊。无论是在甘肃,还是在浙江,毛江森与李思翘都保持通信联络,李思翘总是鼓励他在逆境中要振奋精神,是金子总会发光的。俗话说,"滴水之恩,涌泉相报",李思翘后来从中国医学科学院退休,家庭生活富足,也不需要报答,可是从一件棉大衣开始的情谊绵延了几十年。毛江森得知李思翘爱喝菊花茶,在调到浙江工作后,就每年给李思翘寄去"杭白菊"。前几年,李思翘告诉他,现在北京都能买到"杭白菊",别再寄了,可是毛江森说:"这是我们的一份心意。"是的,千里寄鹅毛,礼轻情意重啊。如非亲身经历,又有谁能解读其中的含义呢?

(应向伟、吕国昌、徐裂,2006)

走进"社会大学"

平常人对科学家的印象,更多的是埋身于实验室或书斋,废寝忘食地进行科学实验和研究工作。他们绝顶聪明却不表现在现实生活中,甚至很多人对生活琐事一窍不通,对现实世界中的种种问题懵然少知,也不大关心。而真实的科学家们远非如此,对他们来说,研究也只有在实践中不断验证才能完成;没有对现实生活的认识和关注,他们的研究就失去了源泉和动力。由于身处特殊的政治年代,毛江森这辈的中国科学家所经历的生活实践要远远比一般科学家来得漫长、艰难,却也丰富得多。回忆起在甘肃的岁月,毛江森陷入了沉思。毛江森告诉我们,那段时间给他的收获太大了。虽然在大西北待了8年时间,相对于人的一生来说有点长了,业务生疏了,真有点可惜,但这也让他学到了书本上永远学不到的东西,使得他的思想与农民贴得更近,对中国的现实认识得也更深刻。

快乐的赤脚医生

高山入云,秋风瑟瑟。半山腰上,一个影子在慢慢移动着,如果没有耐心地仔细看,还真看不出这个影子一直在移动。很久很久,影子在一点点地变大,走近了,才看清是一个人背着一个药箱。早就等在村头的人知道那熟悉的身影就是毛江森,他们看到了毛江森的身影,就像看到了希

望,盼到了救星。毛江森一边喘着粗气,一边抹着头上的汗珠,抬头看看前面的山路。他眼神里有种无奈,也有几分倔强,还透出几分坚毅。他知道老王家的儿子正等着他去看病,老张的女儿发了一天热了,等着今天送药去,药早点送到,病人就可以少点痛苦……他又默默地一步一步往上爬坡。

"文化大革命"中期的1970年,毛江森夫妻俩被下放到甘肃康县的一个公社卫生院。

经过很短的一段时间熟悉情况后,卫生院领导把毛江森叫到办公室说:"我们公社村落分散,农民来一趟卫生院很不方便,我们上门服务去吧!你年纪轻,腿脚好,今后主要负责出诊,你看看有什么意见吗?"

毛江森觉得为难:"我除了在上海医学院读书实习时搞过临床,其余时间一直是搞研究的,缺乏临床经验,去给老百姓看病恐怕很难胜任。"

不料领导劈头盖脸给他一顿批:"谁是生来就会做的?就是因为你不会做,才要好好从头学起!"

毛江森仿佛被兜头泼了一盆冰水,原先准备好的话也只得咽回肚子里了。他想起刚刚读过的《楚辞》里的一句话:"黄钟毁弃,瓦釜雷鸣",知道这个时候领导的话就是真理,多说也是白费口舌。从此,他成了一个几乎每天都背着药箱出诊的赤脚医生。

与毛江森同窗共读六载的妻子从学校毕业后被分配到北京协和医院,与后来任卫生部部长的陈敏章在同一个科共事多年。她与毛江森一起被下放,在国内著名医院当过多年医生的她在卫生院却鲜有病人。老百姓不愿意找她看病,他们根本不知道"协和"是什么,看到她在药房,还说:"女人嘛,适合在家里带带娃,做做饭,怎么会看病呢?"结果她被安排在药房，而一直搞研究的毛江森却被分配给病人看病。毛江森经常到农民家里去看病，早上背着药箱出门，晚上才能回家。大西北的山区人烟稀少，山高谷深。早上，毛江森从公社卫生院出发，先是小心翼翼地往山脚走，再往山上爬，结果到了村里，中午的炊烟已经袅袅升起。村里的人听说来了公社卫生院的医生，纷纷来看病。毛江森认真仔细地给病人看病，可是他并没有多少临床经验。怎么办？他想要取得病人的信任，不想让病人失望，就认真地记下病人的病症。简单的或是过去碰到过的，他就能得心应手地给开药、打针；对复杂一点，自己心里没底，且又不是急症的，他就等晚上回到家时，再向妻子"汇报请教"。妻子都是耐心地听着，直到双方形成一致的看法，第二天，毛江森再去村里给病人配药、打针。这种特殊的看病方法倒也让毛江森增长了不少临床经验。毛江森看病的名气也渐渐大了起来，以至于后来很多人都指名要毛江森看病。毛江森对妻子打趣说，人家说每一个成功的男人背后都有一个伟大的女人，这话说得没错。日复一日，年复一年，他们就这样配合默契地做着"男主外，女主内"的搭档医生。毛江森"赤脚医生"的日子过得也还算快乐。他与农民一起睡过土炕，一起吃饭，虽然吃的是苞谷面还有窝窝头，可是毛江森吃得有味。他看到农民眼里的歉意和诚意，吃得就更香了。不过走的时候，毛江森硬要给农民留下几毛钱的饭钱，还有几两粮票，这样他才心安理得。他时常感慨，农民真的是太厚道、太纯朴了，只要家里还有一口吃的，都要先给客人吃。他没有别的东西可以回报，只有用自己的知识，多为病人减除一点痛苦。

绵羊的眼泪

在西北,不少养殖户都缺吃少穿,有些稍有经济头脑的人靠养奶羊挤奶换点钱,再去买粮食。在计划经济年代,买粮食光有钱不行,还要有粮票。农民没有粮票,只有居民户口才有国家发的每人每月的限量粮票,所以粮票显得特别珍贵。

毛江森被下放到康县的第二年,妻子怀孕了,毛江森喜形于色。可是让他没有想到的是,也许是水土不服,妻子生下小孩后,发现没有奶水,这可把毛江森急坏了。一位热心的老农告诉他,可以去买只奶羊自己养着,挤羊奶给小孩喝。毛江森一听这主意不错,可是到哪儿去买奶羊呢?毛江森知道,养奶羊的人把羊都当作命根子,指望挤奶换点钱,怎么舍得卖呢?一位大伯告诉他,离这里300多公里远的有个地方不少人养了奶羊,最近都闹饥荒,没有吃的,大人饿得直吐清水,小孩饿得哇哇直哭,为了救急,他们只好卖了奶羊换点粮食。毛江森听罢心里一阵酸楚,与这些食不果腹的人相比,自己夫妻俩每个月还能按时领到国家发的工资,应该知足了。

按照老农的指点,他坐客车到300多公里外的地方去买奶羊了。一路上,风沙漫天,车上坐的都是些面黄肌瘦、衣衫褴褛的农民,就是一两个看起来是工作人员的,也是面有菜色。

坐了一天的车,毛江森终于找到了那个地方,他找到一位老农。那位老农听到要买奶羊,起先还有一点喜色,随即神情变得很难过。毛江森不知是什么原因,正疑惑间,老农啜嚅道:"这头奶羊我养五六年了,我真舍不得卖,可是现在家里没有吃的了,再不想办法弄点粮食,人都要饿死了。"

毛江森听了,又是一阵心酸,他明白农民说的是心里话,自己到甘肃是苦，可是与农民比，衣食总还是不愁的。他不忍心再看着农民伤心的样子，问："你想卖多少钱？"

老农说："你就给我200斤粮票吧，没粮票人家不卖给我粮食。"老农睁着一双干枯的眼睛，似乎在寻找一种希望。

毛江森听罢，心灵受到了震撼，中国农民苦，可他们又是那样的纯朴、实在，以至于你根本不想与他们讨价还价。毛江森摸出200斤粮票递给了老农。这位老农接过粮票时，手明显地颤抖了一下，嘴唇翕动着，好一会儿才怯生生地说："让我留几根羊毛行吗？"

毛江森一时还不明白什么意思，只是觉得老农提出的要求不能拒绝，他点点头。

只见老农从一个抽屉里摸出一把锈迹斑斑的剪刀，走到羊圈边，一双长满老茧的手轻轻地抚摸着奶羊，这时的奶羊温驯得一动不动，它似乎明白将要发生什么。老农轻轻地剪下几根羊毛，又小心地用一块小小的破布包着，轻轻地放进怀里。他侧过头去，说："你牵走吧。"便哽咽得再也说不下去了。

毛江森分明看到老农眼里蓄满浑浊的泪水，他不忍心再在那里待下去，他生怕自己会哭。他想牵着羊走，可是这头奶羊的前足使劲地抵着地，一个劲地往后退，毛江森用劲地拉还是拉不动，这时他竟然看到奶羊的眼睛里也有泪水！看到这一幕，他似乎一下子明白什么叫感情，人与动物之间何尝没有感情呢？他放松了绳子，想让奶羊多待一会儿。老农没有多说一句话，轻轻拍拍奶羊，推了一把，奶羊终于肯走了，可是它仍然一步三回头，"咩咩"地叫个不停。

毛江森好不容易找了一辆货车，把奶羊运回了公社卫生院。孩子喝上

了羊奶,他们夫妻俩对奶羊特别关心、爱护。毛江森的脑海里经常浮现奶羊流泪的一幕,他默默地发誓,要让更多的人少受病痛的折磨,要减少生死离别的人间悲剧。他知道这是自己的一厢情愿,可他还是这么执着地想。

五分钱的批条

毛江森被下放的地方异常贫困,他在下乡的路上总会碰到一两个"傻子",他们披头散发,穿着破烂的衣服,有的还光着身子,当地人称这些人为"光子"。这是由于碘盐缺乏引起的,一代代遗传下来就造成了这样的恶果。毛江森亲眼看到过一个家庭有两个"光子",家徒四壁,完全是处于赤贫状态。

有一次,毛江森去文县参加赤脚医生会议。一路上,满目疮痍,没有粮食,农民只好挖草根来充饥,山上的草都没有了,裸露出石头。有些农民为了生存,硬是在海拔1000多米、坡度在40°的山坡上开垦种玉米、麦子。为了开垦方便,他们先用火烧一遍,这样,满山都没有了绿色,代之以焦黄色。

农村大部分农民没有钱看病,他们最常用的就是止痛片,因为这种药便宜。他们头痛医头,脚痛医脚,只求眼前止痛,而管不了痛的原因。实际上,他们就是知道了也没有钱去治。可是往往五分钱的药费还是难住了很多家庭,他们拿不出来,只好捡城里人扔掉的香烟纸写申请,交给大队书记批下来五分钱再拿来买药。有的家庭与大队干部有矛盾,就是连这样的申请也得不到批准,毛江森好多次只能自己掏出钱来垫上。村里连记工员都找不出。因为多年来没有人读书,都不识字。不是父母不想让孩子读,而是连饭都吃不饱,怎么还会想到读书呢?

这一幕幕,让毛江森看了寒心,他感到不仅要医治农民身体上的疾病,更重要的是医治他们心灵的疾病。毛江森认为这样的生存环境存在着很大的威胁,正因为地表遭到破坏,人类的生存环境失调,才会出现那么多的"傻子"。要改变这样的局面,必须改变环境。他写了一篇关于"水土不服"的文章,在学术界第一次提出地表破坏严重是影响人类生存的重要原因的观点,他同时斗胆提出肿瘤的病因之一是地表元素失调,呼吁对地方病进行深入的研究。他把信寄到卫生部,但信寄出后石沉大海。

在城里已经能控制麻疹等疾病的时候,农村却深受痢疾、麻疹的困扰,这两种疾病成了儿童最大的杀手。毛江森心里很着急,他与几个从北京来的医生一起商量,想自己搞研究。毛江森对同事说,我们这里没有什么设备,也没有什么资料可供参考,要研制药物是很难的,但同事们都愿意一试。毛江森不愿意拂了他们的意,就提出自己去搞"毒种"——他托人从北京捎来"来航鸡"。但要搞病毒研究谈何容易?数百个程序极为复杂,搞得人晕头转向。他们把鸡养在鸡圈里,可是没过多久,只看到一地白色的鸡毛,还有一堆鸡骨头。附近的一棵老树上还蹲着一只老鹰,惊恐地看着毛江森等人。看得出这是一只腿部受伤的老鹰,原来是附近一位猎人放掉的,他不忍心看着跟随自己多年、立下"汗马功劳"的老鹰老死家中,就把它放生了,结果它把毛江森养的鸡当成了美餐。毛江森他们看了也生出了怜悯之心,摇摇头离去,做研究之事也就搁浅了。其实,他们心里也明白,在这样的条件下是研究不出什么名堂的,鸡被老鹰吃了正好给他们提供了一个体面下台的机会。

刻骨铭心的震撼

在嘉陵江的上游,有一个地方叫太平公社,卫生院和公社驻地一起,就建在山坡上,只有篮球场那么大的一块平地。公社干部可以打球,可是实际上打的机会很少,因为球一不小心出了界,就会滚落到山谷,根本不可能去捡回来。毛江森在谷底往上看,远远看到有树枝在摇动,人家告诉他那是野牛在树丛里行走。毛江森既为这里原始落后而伤神,又爱它的原生态。他想,也许人的思想就如同这个世界一样,永远充满矛盾吧。

在大西北,毛江森看到,几乎到处都是贫寒、落后和恶劣的生存条件。他出差正源县时,住在农民家里,日近黄昏,房东叫小孩子去挑水,毛江森提出跟他们一起去。房东两个七八岁的小孩子抬着一只水桶,绕过一个个弯,走了半个小时才到山脚。他们在一个小水坑里用水勺一点点地舀,花了十多分钟才把不大的水桶盛满。接着,孩子们又一摇一晃地挑着水桶回家,他们艰难地上坡,又花了四五十分钟才回到家。毛江森看到扁担重重地压在小孩稚嫩的肩膀上,不禁涌起疼爱之情:多可怜的小孩啊,如果在城市里,这个年纪正是接受良好教育的时候,可是在这里,他们就要帮助大人干活了。毛江森一路跟着,早已累得气喘吁吁,小孩反倒提醒他小心点走,别摔着了。真是穷人的孩子早当家啊!

毛江森在宁县学习时,住在县招待所。几天下来,他看到住在隔壁的一个女孩子一天就吃两个窝窝头,有时吃一个白面包。三天后,毛江森忍不住好奇地问她:"你怎么就没有买菜呢?"这个女孩子倒还开朗:"大叔,我每天能吃上这个就很满足了,没菜不要紧。"她告诉毛江森,她老家不少地方是荒漠,少数人靠放牛过日子,个别头脑活络的人做起了牛贩子,但是大多数老实的农民还是过着常常吃不饱饭的苦日子。她能到这里来培训还是靠了一个在宁县工作的亲戚帮忙,不买菜就能省不少钱呢。

在一个叫豆坝的地方,每家的房子中间烧着长明火,火塘用几块石头围成,火塘上方挂着个铁钩,要烧饭了,对着吹火棍用力吹,火就旺了起来。在一户农民家里,毛江森看到一位背上绑着一个娃娃的妇女,每到中午,她从地里回到家,把绑孩子的布带一解就开始吹火,火旺了,她调好玉米糊,抓起一块一搓,再往铁锹上一压,然后拿到火上烤,一会儿,屋内飘满了玉米香。在这位妇女烤饼的时候,这家的男主人也从地里回来了,可是他没有来帮忙,而是坐在边上,一边抽着旱烟,一边与毛江森聊天。

毛江森问:"你们觉得这样苦不苦啊?"

"怎么不苦呢?可是日子总是要过的呀,如果不生病算是最好了,要是生病了我们真不知怎么办好呢!"男主人说。

"那你们对小孩的将来有什么打算吗?"毛江森看着还在襁褓中的小孩,又问了一句。

男主人显得有点窘迫:"能有什么打算呢,将来能吃得饱饭,不饿着就算行。"

毛江森一时无语,他回想起自己如今的处境,不禁无奈地失笑:他们现在还在为生计操心呢,是想不到很远的事的啊。

从北京到大西北,最初让毛江森一家最不习惯的是上厕所。农村厕所都是在房前屋后,实际上就是在地上挖一个坑,埋上一口大缸,在上面搭个木头架子,外面再用柴草搭个棚,四面透风,也没有门,厕所没有男女之分。农民告诉他,人粪肥还得用于浇地,他们没有钱买化肥,只有靠人

粪肥、栏肥。有位稍有点文化的村支部书记知道毛江森不习惯农村生活，还打趣道："不是说庄稼一枝花，全靠肥当家嘛！"毛江森刚开始上厕所觉得怪别扭的，特别是到了夏天，大个头的绿头苍蝇在厕所内外到处飞舞，嗡嗡作响，晚上还吵得人睡不着觉，吃饭时会"不合时宜"地飞到餐桌上，让人感到恶心，食不下咽。后来毛江森想出一个办法，就是边走边吃，这个办法倒还真的挺灵，再就是自己配制了毒杀苍蝇的药，也算过上了安稳的日子。入乡随俗，毛江森与家人慢慢地也习惯了上厕所。

毛江森慢慢理解了当地农民、农村，他们的生活方式与城里人不同，他们连温饱都没有解决，何谈文明的生活方式？正如农民还不能解决生病吃药的问题，就不可能去谈健康保健一样。城乡之间、工农之间、脑力劳动与体力劳动之间的三大差别还将长期存在，自己就是要接受贫下中农的再教育，让灵魂得到洗礼！

读不厌的毛边书

大西北是一部读不厌的毛边书。

在大西北的日子，毛江森目睹了农民的艰辛困苦、条件的落后、环境的恶劣。毛江森出生于农村，对农民有着天然的感情。他在杭州读高中，在上海读大学，毕业后在北京工作。京、沪、浙都处在经济发达的黄金地带，城市的发展程度、居民的生活水平都与大西北形成了强烈的反差。

而毛江森在北京时，事业正处在高峰期。1961年，组织上决定让毛江森给我国医学病毒学的奠基人黄祯祥教授当助手。他们开创了我国干扰素的研究，建立了乙型脑炎病毒-鸡胚单层细胞系统干扰素的产生系统，研究了高滴度干扰素产生的条件。毛江森发表了6篇论文，阐明了干扰素的产生、测定和影响因素。1964年毛江森从事诱导酶的研究，在此期间，撰写了题为《病毒感染细胞的机理》的论文，指出"信息也有可能从RNA传给DNA"，即遗传信息的逆转录，这是十分重要的命题。作为一个年轻的助理研究员，毛江森是当时世界上认识到有此可能性的极少数科学家之一。文中还指出，细胞在受病毒感染时产生的抵抗物质，比已知的干扰素可能要多得多。这些科学预测都被后来的研究所证实。

毛江森对科学研究得心应手，他有一种热情和冲动，但对许多社会问题他就是看不懂。我国有千古遗训"不患寡而患不均""仓廪实而知礼节"，可是全国有那么多的人还在受穷，他感到痛心。毛江森读过鲁迅传记，鲁迅弃医从文，是为了唤醒国人麻木的灵魂，治疗人们精神上的疾病。时隔几十年，"东方睡狮"醒来了，中国人民站起来了，不再受外国列强的欺凌了。但"三年困难时期"，毛江森亲眼看到许多人活活饿死；"反右派斗争""文化大革命"，他亲眼看到许多知识分子被当成"牛鬼蛇神"关进牛棚，给国家造成无可估量的损失。毛江森被下放到大西北，主要原因是他师从的黄祯祥教授被当成"修正主义"的祖师爷，而毛江森是具体的执行者。黄祯祥教授被下放后，竟错过了获诺贝尔奖的机会，因为美国一位科学家在黄祯祥的研究基础上培养出了脊髓灰质炎病毒，并获得了诺贝尔奖。

毛江森无力去改变历史现状，当时国内有众多的历史学家、社会学家、文学家、经济学家及科学家，他们无法解决深层次的社会问题。"也许这就是上苍冥冥中的安排吧"，毛江森是个唯物主义者，可对一些问题想不通时，也只能这样解释，以求心灵的宽慰。

毛江森从学校走上北京的工作岗位，又走向大西北。他并没有认为在大西北的日子全是浪费青春，他收获了许多，可是8年时间的代价毕竟是太大了。因为没有什么资料可供查阅，不可能去追踪国内、国际的科研前沿，也没有先进的科研设备可供搞实验，从事科学研究力不从心，这期间他在技术上没有长进。

在大西北，他意识到实事求是是那么重要。有一次，《人民日报》发表了一篇题为《到处莺歌燕舞》的社论。毛江森看了很生气地说："写这篇社论的人一定没有到过农村，更没有到过大西北。大西北不要说莺歌燕舞，不少地方还是鸟不拉屎呢。中央机关报怎么能这样说违背事实的话呢？"这篇社论深深刺痛了毛江森的心，它本来与他没有任何关系，但他觉得报纸很对不起农民，甚至糊弄了全国人民，他为农民鸣不平。做任何事情都得实事求是，不能为了突出自己的"丰功伟绩"而瞎说，必须对历史负责，要经得起历史的检验，否则就是对历史的犯罪，对人民的犯罪！听了毛江森的牢骚话，妻子深深理解，她知道毛江森向来富有正义感，来不得半点虚假，可是现在只有她能倾听毛江森的牢骚，当他忠实的听众。

毛江森走进"社会大学"，从一个侧面看到了中国农村的现状，认清了自己努力的目标与方向，掂量出自己肩上的担子有多重。有无数的农民尚处在水深火热之中，他们有很多病痛需要医务工作者去解除，还有许多疾病需要科学家去研究探索。

读了"社会大学"，毛江森在政治觉悟上有了很大的提高。他习惯独立思考问题，从不人云亦云，对于一切不公平、不合理的现象，就算自己无力抗争，也不昧着良心说假话。他多次对妻子说，要对得起科学家的良知,起码也要对得起做人的道德。

从学校到工作单位,犹如在象牙塔里,不可能知道广大的农民需要什么,科学研究也只会成为空中楼阁。毛江森在农村学到了很多课堂上学不到的东西。现在党中央提出关注农村、关心农业、关爱农民,建设社会主义新农村,其实在几十年前,毛江森就意识到了这些,只不过他是一位科学家,也不可能向高层领导去建言献策,他能做的就是研究解决困扰农民的疾病问题。

1978年,毛江森调到浙江省医学科学院后,正式从事甲肝病毒的研究工作,并成功地研制出甲肝减毒活疫苗,卫生部于1987年批准进行一期和二期临床接种,在安全性和免疫反应性方面都获得了完美的结果。经过5年的工艺研究,1992年,卫生部批准浙江省医学科学院普康生物技术公司批量生产和使用甲肝减毒活疫苗,15年来,疫苗已使用1.8亿人份。中国甲肝已得到控制,甲肝发病率大幅度下降,毛江森为防治甲肝做出了重大贡献。2005年,普康公司生产的甲肝活疫苗还出口印度;2006年,该疫苗被中美洲的危地马拉批准进口。

设奖助教报春晖

教育是社会主义现代化建设的基石,毛江森一直十分怀念校园生活。

上海医学院的一批著名教授全心全意为病人服务的崇高思想品质、精益求精的精神、光明磊落的人格魅力让他终生难忘。在那里,他光荣地加入了中国共产党,成为学校少有的学生党员。在那里他立下宏愿,要把毕生精力贡献给我国的医学科学事业。毛江森想到自己能有今天的成就,很

大程度上得益于母校的培养和熏陶。他决心以实际行动为祖国的教育事业做点贡献。近年来,他也看到有的医疗卫生部门片面追求经济效益,不顾社会效益,有让白衣天使形象蒙羞的情况。有的医生职业道德水平有所下降,病人不满意的情况时有发生。他希望尽自己的努力在母校倡导一种认真负责的精神和热爱医疗卫生事业的理念。

毛江森提出在上海医学院设奖助教,妻子说:"我十分赞同,你做得非常正确!"

志同道合,数十年相濡以沫的夫妻在又一次重大决定中达成了高度的默契。为此,毛江森不辞辛劳,多次往返于沪杭间,与上海医学院领导反复商量,捐赠128万元人民币,在上海医学院设立"毛江森奖教基金"。从1997年起,每年在基础研究和临床研究中各评出一名获奖者,要求在教学、科研方面有所建树,更注重参评者的为人师表和思想品格。这个奖设立以来,评审程序严格,一批著名的教师得了奖,学校教师都以能得这个奖为荣,这进一步促进了优良教风、学风的培养。

(应向伟、吕国昌、徐裂,2006)

记忆中的上医

我与上海医学院结缘始于1951年，有点偶然和幸运。

当年夏天，我在杭州读高中，老师通知我可以以同等学力报考大学了。我想报考数理专业，那是我所喜爱的。父母知道后，来了一封信，改变了我的志愿。信中说："你从小体弱多病，将你带大实在不易，想想你还是学医好。"我想想也对，农村无医无药，家人深受病痛之苦，生存确实不易，就学医吧。幸运的是我考取了国立上海医学院。

上医好在什么地方，开始我也不太明白。一到上医，听说上医有5个大医院，堪称全国第一，但上医本部除了较精致外，是很小的一块地方，晚上自习，常常要为抢图书馆的一个座位而早早地在位子上放上一本书。

时间久了，我才慢慢感受到，上医好在有一大批医学精神高尚、学术水平一流、严谨求实、言传身教的名教授、好医生；好在有十分扎实的基础教育和非常全面的临床教育；好在有全心全意为病人服务的医德教育；好在有一批批用功读书的学长。感觉这真是一所"蓬生麻中，不扶自直"的好学校。在上医求学的6年，许多课都是名教授、名医生教的。

第一课是朱恒璧院长在大礼堂上的大课，课目是"医学概论"。从古希腊医学之父希波克拉底及其医师道德守则，讲到《黄帝内经》的"上工治未病"，他在传承医学精神，引导像我这样站在门口、尚不知所措的学生走向医学殿堂，我感到既欣慰又有点不安。

来上医不久,我就听说,上医倡导公医制。上医的名医生个人是不开业的,上医的公医制理念是上医创始人颜福庆老院长的初衷和信仰,也是上医名教授、名医生的共识。我出生于无医无药的小山村,如果政府能把为百姓提供医药卫生服务的责任担当起来,医生受雇于政府,服务于百姓,我自然是十分憧憬的。

我们的公共卫生课有些是苏德隆教授教的。当时,上医的公共卫生在全国有最完善的学科建设,有最多的名教授。苏德隆教授总是鼓励学生要重视公共卫生,鼓励学生积极参与公共卫生建设和卫生事业的管理。

内科学是林兆耆教授教的。我们曾有机会跟随林教授查病房。记得是在华山医院的一层病房里,正值冬天,病房里虽然有个小煤炉,但外边冷,房内也冷。林教授在病床前听取病人的诉述,问清病情后,我们以为就要教我们如何做腹部检查了。可是林教授的双手相互搓来搓去,搓了许久,大概他感到够暖和了,才小心地掀开病人的盖被,进行腹部检查,并微笑地问冷不冷,对病人的关爱真是无微不至。

泌尿外科是熊汝成教授教的。有一次我们跟随熊教授查房,在中山医院二楼的病房里,有个病人一看教授来查房,显得十分兴奋,开始了他漫长的诉述,实在够得上啰唆了。我感觉到两条腿有点酸了,想挪个位置站,可是病床前身材高大的熊教授一动不动,身体稍前倾地在倾听,没有插话,没有打断病人的诉述,直到病人说完,满意地微笑为止,这才开始了他的边检查、边询问、边解答。

在临床医学方面,当时上医有最完善的学科门类,除内、外、妇、儿外,还有神经、精神、眼耳鼻喉、血液、皮肤、肺和肿瘤等学科,都由名教授授课,临床教学非常全面。记得精神病学是夏镇夷教授教的,他以深深的同情心传达了精神病病人的痛苦。讲到精神病病因不清，预防无策，讲到当时常用的休克治疗时病人生不如死的痛苦状况，我听后内心也十分沉重，觉得最痛苦的病是精神病，曾想将来如果分配我当精神神经病科医生，我会尽力。

我们的外科考试是黄家驷教授亲自主持的。当时，黄家驷教授是享有盛誉的胸外科教授、中山医院院长，是忙上加忙的人。可是，他抽出时间来主持我们的考试。考试采用面试，当时有200多人要面试，是很费时间的。我进去时，黄教授面带笑容，话语亲切，我没有感到站在一位大医学家面前的那种紧张。黄教授给我打了分数，颇多鼓励，关爱学子之心跃然纸上。

在上医求学的6年，作为一名学生记得的多半是点滴小事。

6年中，也经历过各种事件。时隔50多年，详情多半淡忘了，只有一事难以忘怀。那是1957年，我们毕业离校前不久的一天，当我们从医院实习回校时，看到了批判某某学生的大字报，"反右运动"开始了。也有传言，我们年级200多人在毕业前也要集中一下进行"反右运动"，大家心中有点不安。李林同志（时任年级党支部书记）与我商量，一致认为有必要向当时院党委的李书记作一次汇报。大意是，这一年，同学们都分散在各医院实习，早出晚归，都没有"大鸣大放"，没有写大字报，没有出格的行为。李书记即时的意见我记不起来了，但结果是清楚的：我们年级不搞"反右运动"了。我们如释重负，同学们避免了一次大麻烦，毕业生人数没有打折扣，为社会多输送了许多合格的毕业生。上医党委实事求是的精神和对学生的关爱，实在难能可贵，使我难以忘怀。这是我在上医的最后一课。

最初,我求学上医的目的是想当个临床医生。但是,毕业后我并没有成为一名拿听诊器的临床医生,而是被分配去中国医学科学院病毒学系工作。只是在"文化大革命"时期,我和妻子、同班同学张淑雅医生一起被分配在西北地区的一个人民公社卫生院做类似医生的工作,身份大概是"接受再教育的赤脚医生"。在那里,我看到的不只是疾病,更多的是贫病交加。当地百姓不仅仅缺医少药,也缺乏生存的条件。在农村多年,我们努力地工作着,也使自己成熟了许多。有一年,省里派我去一个县救治"病毒性出血热"。经过病因相关性调查分析,我十分惊讶地感到这个县大量乳儿死亡的原因不是"病毒性出血热",而很可能是吃国家返销粮引起的中毒。反复思考后,我提出应停食当时政府供应的返销粮(玉米),结果使全县乳儿免于更大的死亡灾难。当时正处在"文化大革命"时期,要指出国家返销粮中的问题,是要冒很大政治风险的,是道德的激情使我无所畏惧。病人利益高于一切的精神是上医的医德教育之一,这使我受益一生。

在上医学习的6年,母校的医德教育,医学家们广博的学识、认真严谨的态度和对病人无微不至的关爱,既使我们获得了全面的医学知识,也使我明白了一个道理:从医是一条奉献之路。

(毛江森,2013)

访谈纪实

访谈（一）

问：首先请您谈下您过去的生活背景、您的童年、您的故乡。您是1933年出生于浙江省江山县一个毛姓聚居的小山村，这是您祖籍所在的地方吗？

答：是的。我是从一个小山村农家走出来的知识分子、科学工作者。我出生于1933年1月10日，属猴。当时我的乡村一共就500人左右，大多姓毛，是一个毛姓聚居的小山村。所有的毛姓人是同一个祠堂、同一个宗族，每年春节和清明节都会给第一个搬到这个小山村里的老祖宗上坟。

问：请问祖上是否世代务农？

答：是的，世代务农。我父母亲都是农民，还记得小时候，他们满身是汗地割稻子。我家有15亩（1亩≈666.7平方米）水田，这是父亲从祖父那里分得的土地。我们村受楚文化影响比较深，所以母亲是不下地种田的，她只种菜和晒谷子。母亲也是农民出身，小学文化，父亲出自大家庭，有六兄弟。

问：这样说来，您的家庭在村里是个比较大的家族？

答：家族很大，那时候族长的权力很大，很多事情都是族长说了算。我们的小学是宗祠办的，教室就在本村的祠堂。

问：有关毛姓和祠堂，目前有没有家谱式的资料可以提供？

答：毛姓在江山是个影响比较大的姓氏，已经传了50多代，我们的家谱非常详细地记录了一代代人物，由蔡元培先生作序，胡适先生题词。毛姓从河南原阳开始传宗接代。东晋时期，我们的老祖宗带着一帮人渡江来到三衢（在衢州、江山、常山的交界处），这是毛氏从北方迁到南方的第一个根据地，后来迁到我们江山的清漾村，到现在已有56代子孙，共有64部家谱，记录了我们毛氏从北方迁过来的历史。每年正月初一都非常隆重，大家一早起来做斋饭，祭拜老祖宗。宗族文化，不仅是对历史的尊重，更带给我们自信、自律、自重，我们虽然穷，但是身份并不穷，它是一种精神支柱。

我们的小学是宗祠办的，因为中间停过一段时间，所以班里的学生年龄相差很多，我是5岁半开始读书的。耕读文化是江山毛氏一种突出的文化。那时虽然穷，但只要发现小孩有天分，就会出钱让他们读书。毛氏有一个很著名的人——毛彦文。20世纪初，她一个女孩子十几岁可以从老家江山到杭州读书，后来又漂洋过海去美国留学，回国之后嫁给了中华民国第一任总理熊希龄先生。熊先生去世后，她出任北京香山慈幼院院长，这是具有现代意义的慈善事业。

问：在那个年代，村子在饮食、交通、医疗方面都算比较封闭的吧？

答：相当封闭和落后，那时去镇里买得最多的是盐和种田用的石灰，像医疗卫生服务之类是没有人管的，生病了没有医生、没有药。我在考上国立上海医学院之前经常生病，几乎没怎么吃过药。

问：在您的童年成长过程中，您认为家族中对您人格成长影响最大的是什么？

答：影响最重要的就是"善"和"爱"。父亲家是个大家族，有六个兄弟；外祖父家也是个大家族，有五兄弟。我们小的时候接触最多的是姑姑、婶娘、五个外祖母等，她们非常爱护孩子，尤其是对我。如果我母亲生病了，她们会主动把我抱去她们家，她们会夸奖我聪明、会读书写字。小时候，我去五个外公家拜年，因为我还小爬不上凳子，他们会把我抱上凳子吃饭。父母言传身教的"善心"对我起了很重要的作用。那时候，要饭的人来，母亲会叫我赶紧把狗按住，以防它咬人。那时是小农经济的环境，能吃饱饭，营养谈不上，能买到最多的就是豆腐，但人与人之间相处非常和睦。父亲读过两年的私塾，他的毛笔字写得很好，每年暑假都会陪我练毛笔字。母亲是小学毕业，要知道，那时农村里的女孩子是没有机会上学的，但我母亲非常聪明能干。有一次，天还没亮她就去上学，发现我外祖父家被国民党士兵包围了，来抓我的六外公（他在大革命时期是共产党员）。母亲连忙跑回家报信，六外公因此幸免于难。我外太公很喜欢她，奖励她读到小学毕业。

母亲很爱子女，我小时候经常生病，据说在我还很小时，生病了不肯睡在床上，只有待在摇篮里摇着才不哭，她就这样陪了我整整40天。小学时，我生病卧床躺了一个多月，有个场景至今难忘，就是母亲早上煮好粥后到床边看我，流着泪心疼地对我说："维书啊，你怎么还不好？你的病我替你生好了，你赶快好起来吧。"母亲的眼泪一滴一滴地掉在竹席上，也掉进了我的心里。

问：您原来的名字叫毛维书?

答：是的。20世纪80年代,我在家乡筹建了一所希望小学,他们取名维书小学,就是用我原来的名字。因为我的家族是个大家族,我是维字辈,至于为什么改名,是因为我小时候经常生病,农村没有医生,只有算命先生经常来,说我命里缺木,要改成毛樟森,还要拜村口的大樟树为干爹。至于为什么将樟森改成江森,那是因为上学之后觉得原来的名字笔画太多,我就自作主张改成了江森。

问：您最早喜欢的科目是什么?

答：我5岁半上学,上的是宗祠,在祠堂里办的小学,全校只有一个班,总共20人左右,我是班里最小的,但我的算术很好。第一个学期末,老师就在全班人面前表扬我算术是全班第一,这激励了我的学习,增强了我的自信心。

问：从您的言谈和撰写的文章中发现您扎实的文字功底,您是否从小就受到很多古籍的熏陶?

答：那时并没有受到系统的教育,大多来自老师平时的教导、家训、孔子的名人名句和屈原的故事的影响。中国文化博大精深,孔子的"温故而知新""学而不思则罔,思而不学则殆",对科学家很有帮助。科学家创新要注重学思结合,要勤学深思,不能只局限于其中一方面。2003年SARS流行,全国陷入危机,有人认为SARS是衣原体引起的,我不同意,于是看了很多书,运用孔子思维,在总结前人的研究中有了新的见解,后来证实我的推测是对的。我很敬佩屈原,《天问》这本书虽然与现代科学相差很远，但是他有解释天象的想法，有探索求实的精神。

问：曾有访谈说您在"文化大革命"时期，读了司马迁的《史记》？

答：对，当时我是中国医学科学院的一名助理研究员，被组织去看大字报，路上看到一群"红卫兵"在抽打一个人，我很恐惧、很反感、很愤怒，我不理解当时为什么可以随便打人、杀人。为了解答心中的疑惑，我从图书馆借来了司马迁的《史记》，看清了真正的吕后。历史是一面镜子，它让我看到了另一面，司马迁受到腐刑却没有一蹶不振，反而完成《史记》这样的巨作。这样的精神人格，启示我在困境中要保持乐观，勇于面对现实。

问：童年时，您是在哪上的高小？

答：当时我在离家10里路的清湖镇上高小，学校的教育非常正规，老师也很好，但因为路途遥远，要住校。生活过得很艰难，大家只能住破庙，而且吃不饱。我老生病，五年级时，我发高热，父母亲得到消息，挑着箩筐连夜把我带回家，在家一待就是两个月，所幸后来赶上参加期末考试。体育考试虽然很简单，但老师给了我三四次机会我都没能将篮球扔过合格线，以至于我的体育考试是不及格的。按照校规我是要留级的，但母亲到处求人，学校考虑到我的其他课程很优秀，最后老师们达成共识，即使我继续留级，第二年还是过不了，可能会一直留级下去，所以校长给我开了绿灯，让我得以顺利升级。体育一直是我的弱项。

问：您后来考上省立杭州高级中学，当时江山考上这学校的同学

多吗?

答：当时江山考到杭高的学生很少，每年差不多一个，诸暨最多。江山那年考上的只有我一个，但历史上倒是挺多的，包括很多有名的奇才，如戴笠、毛人凤，最近又有一个中科院院士也是江山人，高中也在杭高就读。

问：您是坐火车到杭州的吗？考上杭高在家乡有什么反响吗？

答：那是我第一次到杭州，是自己一个人坐火车到杭州的，那时上学只要交点大米和学杂费就可以了。当时我体弱多病，个子很矮，杭高的老师给了我一瓶美国援华救济物资——鱼肝油，吃完之后就猛长了5厘米，才像个人样。我考上杭高，家乡人认为是一件很正常的事。我总是坐在班里最前排，个子瘦小导致参加的课外活动不多。那时数学测验很多，每次测验一共有11道题，有一道题特别难，这题算附加题，我常常做出附加题，因而把测验总分提到110分。杭高让我最难忘的是老师，他们爱才并鼓励你独立。"天下兴亡，匹夫有责"的使命感和独立精神，是杭高重要的精神财富。

问：在杭高学习时，您有发现自己在数学、物理方面的天分吗？

答：原本上大学是打算学物理和数学，但是父母觉得我经常生病，就让我学医。我报考什么学校是到报名现场才最终确定的。当时，报考处有一位工作人员指导我填表，她说国立上海医学院最好，我就填了。那位工作人员又说，你光填一个学校很冒险，如果考不上，就没得读了。我说，这倒不要紧，我是杭高的春季班学生，考不取我可以再读半年。那时录取考生是会登报通知的，我在报纸的中间位置发现自己的名字，我是以同等学力考上上海医学院的。

学医和我小时候的经历有关，直到后来，我才发现儿时的经历让我更适合当一名医生。当医生是一条奉献之路，需要对病人富有同情心，甚至需要为病人牺牲自己。在下放北京昌平的时候，我遇到一个病危小孩，在没有任何工具的情况下，我不顾自己的安危抢救成功了。当时卫生部钱信忠部长表扬了我，带我去见周总理，并合影留念，给了我劳模称号。下放甘肃时，陇西县上报有"病毒性出血热"，死了很多人，省里派我去解决。我被军人带到医院，看到好多妈妈抱着的小孩脸色灰暗且毫无生气，处于濒死状态，拿开抱布就看到血一滴一滴地掉在地上。当时如果选择明哲保身，我大可以一走了事，然而经过一晚的深思熟虑之后，我选择留下。经过两个星期的挨家挨户调查之后，我发现真正的原因可能是吃了运输途中日晒雨淋发霉变质的救济粮，那是转运来的玉米。此事事关救济粮，是件大事，这在当时是要负很大政治责任的。幸好那个县委主管（军官）愿意相信我，暂停发放救济粮。之后，患病人数不断减少，病情也得到控制，救了一代人幸免于难。三个月后，兰州大学生物实验室从救济粮中分离出了毒素，证明该毒素能破坏人体凝血机制。道德的激情能够让人无所畏惧，但科学的方法是解决问题的钥匙，作为一名医生，这两者缺一不可。

问：您的父母是在什么时候过世的？现在还有回家乡去看看吗？

答：母亲是94岁过世的，父亲是60岁离开的，我的弟弟几个月大时就夭折了，我的姐姐因哮喘病逝。我得过很多病，受过很多折磨，勉强生存了下来。

（采访人：浙江大学人文学院中文系许志强教授，2013年5月17日）

访谈（二）

问：您是怎样走上医学道路的？

答：这和我从小体弱多病有关。我在高小时因体弱，体育不及格，按校规应当留级，父母到处求人，好在校长心善，准予升级。后来考上了浙江省立杭州高级中学。1951年，本想以同等学力报考数理专业，父母来信说："你从小体弱多病，把你带大实属不易，你还是学医好。"我毫无医学背景，一个农村孩子，从未见过穿白大褂的医生，也几乎未吃过西药片，只是感觉农村无医无药，生存确实不易，就报考了国立上海医学院，幸运的是我考取了。读了6年的医学，我明白了一个道理：从医是一条奉献之路。遗憾的是，毕业后我没有被分配在医院工作，而是到中国医学科学院病毒学系从事研究工作。

问：请您谈谈您事业开始之初的成绩（"文化大革命"前）——研究干扰素、揭批发表在 *PNAS* 的几篇文章、提出"逆转录"可能性。您在进入中国医学科学院病毒学系后为什么会选择去协和医科大学和北京师范大学进修生物化学和物理化学？

答：我做干扰素是从1960年开始的，是在中国病毒学创始人黄祯祥教授（1980年学部委员）领导下进行的，目的是想发展出一种类似抗生素那样的东西来解决抗病毒的治疗问题。我们开始得很早，目标也十分吸引人，研究了3年，建立了乙型脑炎病毒-鸡胚单层细胞系统干扰素的产生和影响因素的研究方法，在《中国科学》《微生物学报》等著名杂志上发表了6篇研究论文。但是当分析其是否有实际应用前景时，我们很失望，认为这种系统不可能解决大量干扰素的生产问题。因此，我们想走生化工程的路子，这就是为什么我要去进修生物化学和物理化学。

在协和进修生化时，我的导师是从英国回来的著名酶学专家李士谔教授。当时有一个美籍华人学者在 PNAS 杂志上发表几篇文章说他分离出的 mRNA 可以在体外诱导多种生物大分子的合成，论文引起了极大的轰动，李教授对此也很有兴趣。我为此做了近一年相似的研究，结果是否定的，建议停止研究，后来同行们都认为，在当时的条件下这是不可能的。但这一年让我有机会接触到另外一个重要的苗头，在一篇文献中美国学者报道在劳氏肉瘤病毒感染的细胞中发现有微量的病毒特异的DNA，他认为这是病毒前体。对此我十分惊奇，思之再三，我把这一现象与遗传学上信息传递联系了起来，在一篇文章中提出了"莫非RNA有可能把信息传递给DNA"。当时在遗传学上"中心法则"有极大的权威性，要对它进行质疑是要有很大的科学敏感性与勇气的，但是，接下来"文化大革命"来了，大家都自身难保，这些科学上的思维自然也就顾不上了。

问：您在"文化大革命"时期是如何用极其有限的资源，坚持研究的呢？

答：1962年，经中国医学科学院批准，我被黄祯祥教授招为助手。"文化大革命"开始后，黄教授被关进牛棚，我是所谓的"修正主义"科研路线的执行者，这棵苗子自然也被认为非连根拔掉不可。研究工作被迫停止了，我从图书馆借来一本司马迁的《史记》，从头到尾看了一遍。我

于1970年被下放,奔向西北一个大山沟的人民公社卫生院。我在西北待了8年,看到老百姓贫病交加,缺乏生存条件,虽然无能为力,但我心中明白了许多,也尽力去做为百姓解除病痛的工作。例如:有个县报告说发生了"病毒性出血热",不少乳儿死亡。我的调查结果指出,该县流行的致乳儿死亡的疾病不像出血热,而很可能是与政府供应的返销粮有关,建议停吃。这不是证明,而是有很大的相关性,结果是使全县乳儿免于继续死亡。如若当时判断错误,后果将十分严重,这要冒很大的政治风险。但是我没有明哲保身,而是甘愿冒风险。还有一次是1958年,我被下放到北京市昌平县一个自然村,任务是种菜。期间,我不顾个人安危,抢救了一个濒临窒息死亡的病儿,因此后来在中南海受到周总理等中央领导的接见。

问:您的甲肝疫苗研究之路是怎样的?

答:1978年我由西北调到杭州,做什么是个要面对的问题。有人劝我研究肿瘤病毒,也有人劝我做干扰素。我花了半年时间,在杭、绍、宁等地调查了百姓病毒病的危害性,结果发现水乡地区的百姓深受甲肝(黄疸性肝炎)之苦。这种病在当地发病率高,是第一传染病,病期长达两个多月。我曾亲自探视过一家五口全部得甲肝的患者家庭,一个自然村42%的村民受甲肝病毒感染,我震惊了,这就是我做当时未被人重视的甲肝疫苗研究的原因。

1988年,上海甲肝大暴发,32万人发病,人心惶惶,城市半瘫痪,这也是我们克服甲肝疫苗研究道路上无数困难的精神动力。我们研制的是甲肝减毒活疫苗,它安全,能得到类似自然感染的终身免疫效果,能大批量生产,只需打一针,适合国情,但难度很大。我们花了12年时间才在时任卫生部部长陈敏章的亲自指导下，在药监局的批准下，大批量生产并在全国推广使用。疫苗的大规模使用和卫生条件的改善使中国甲肝的发病率大幅度下降，解除了甲肝对中国百姓的危害。疫苗还被印度政府批准在印度推广使用。

问：SARS流行期间，您很有预见性地提出SARS病原有可能来自野生动物，提出SARS的生态性预防与控制的理念。您这种敏锐的直觉是如何养成的？

答：2003年年初，SARS在我国出现，由于它有高度的传染性和高病死率，且一时病原不清，百姓和国家处于危难之中，人心惶惶，政府高度关注。我作为该领域的工作者有责任为百姓和国家分忧。当时有人认为病原是衣原体，也有人认为可能是生物战，我和一些人则认为可能是新的病毒病。

我在对疾病性质、临床过程、流行特征进行了解后，又对过去30年来新的病毒病进行了回顾，对文献资料进行了复习，提出病原很可能来自野生动物。新的病毒病并不等于出现新的病毒。

这是一种科学上的初步判断，但不幸被言中。先提出一个初步判断，虽然不是证明，但也是重要的，它可能指出一个努力方向，可以减少恐慌，也可以对如何防治这个病起重要的指导作用，因为新的病毒病最重要的预防措施就是隔离和远离可能的动物传染源。如果我们能早一天认识到可能的病原，早一天采取隔离措施，就可以大大降低流行规模。我第一次提出这一想法是在接受新华社浙江记者站两位记者的采访时。他们写了报道，导致许多养宠物的人把宠物扔了。科学上的判断不是拍拍脑袋的产

物,它要求占有尽可能多的现有的和过去的资料,它要求提出来的判断符合逻辑,能解释全部表象,它要求温故知新。当然这需要激情,需要知识,也需要敏感性。新华社朱先生采访过我四次,写了四篇报告,其中一份听说是给国务院的,内容是要求全国各地实验室里保存的含病毒材料要按国家最严格的条件保存,防止病毒从实验室泄漏,如有泄漏,后果将十分严重。据说国务院领导很重视,不幸的是泄漏问题后来还是发生了。

至于SARS疫苗问题,发展常规疫苗本身有一定的风险,我有一个判断是人类不是SARS病毒的储存宿主,因此,提出生态性预防理念。南方有些省后来采取了立法手段,严禁捕杀果子狸。但是,对像SARS这样高传染性、高致死率的病毒病永远都要保持警惕。

问:您认为我国目前科研环境如何?与国际相比还应怎样改进?

答:现在是中国历史上政府最重视科技的时代,我很庆幸能生活在这个时代。

核心问题是如何来看创新人才的成长道路。我国与发达国家有相同点,也有不同之处,相同点是都建有学位体系,不同点是,我国政府由于求才心切,还有一套由各级政府牵动的常常以数字命名的人才计划,其中有两点比较突出:一是早早定苗,二是吃点小灶。这与科研人员个人艰苦奋斗和自由竞争的成才之道不尽相同。我国的这一有特色的人才培养计划已执行多年,可否进行一些讨论和评估。

问:您曾去美国国立卫生研究院(NIH)做访问学者,这期间您有怎样的感触?这段经历给您的影响怎样?

答：1983年我受邀去美国访问，访问Duke、Baylor等几所大学医学院，1984年作为访问科学家在NIH工作了近一年，工资很高，我很感谢。我也很感谢哈佛大学儿童医院和美国FDA请我介绍中国对甲肝病毒和疫苗的研究情况，他们很有兴趣。疾病是人类面临的共同问题，特别是传染病并无国界。交流有益，但要解决问题，还要靠我们自己的努力。

（《康复·生命新知》采访，2012年3月26日）

访谈（三）

尊敬的毛江森院士，张淑雅女士，你们好！

今天是毛院士口述历史建档的最后一次访谈。很荣幸，今天访谈能邀请您的夫人张淑雅女士一起参加。作为您的同学和伴侣，张淑雅女士可以说是您毕生事业的最大支持，既见证了您的苦难和奋斗，也见证了您的成功和荣耀，而她本人也是一名非常出色的医生，我们对她同样怀有深深的敬意。

今天采访的主要对象是张淑雅老师，请毛院士一起参与，谢谢你们抽出宝贵的时间接受访谈。

许教授：张老师，您好！听说您是福建人，能否介绍一下您的家庭背景？

张医师：我们家我爸爸是军人，他那时在黄埔军校，当时，周总理是政治部主任。后来他身体不好，在家里待着，当时我还很小，印象中他得的好像是胃病，后来他得了霍乱，我六岁时他就过世了。我家三个姐妹，我是老二，父亲过世后，家里失去了经济支柱，生活十分困难。我妈找点零工做，为了生活，她把家里值钱的东西拿出去卖掉，后来找了一个教养院，教养院专门收留出逃的童养媳和生活困难的妇女，我妈在里面找了一份教书的工作。

许教授：您的母亲也是文化人？

张医师： 我母亲读书只读到初中，我的外婆家住在郊区，我们家也在郊区。我出生在桂林，因为我爸的部队驻扎在那里，后来回福州，福州有很多教堂，我外婆很能干，把我妈放在教会学校里读了几年书。后来外婆到上海去了，把我的舅公、姨婆也带到了上海，他们到上海成了资本家；但我们家还是很穷，我妈靠织布、纺纱、织毛巾等过日子，我也边念书边和我妈一起干这些活。

许教授： 您的中小学是在福州上的，听说您曾经在一所基督教女校上学，能否介绍一下您上中小学的情况？您是哪一年考进上海医学院的？

张医师： 我的中小学是在福州上的，小学是一所公立学校，初中因为可以申请免学费，所以考了一所教会女中，我读的是免费生，入学时有三四个班，每个班有五六十人，等到读初三时只剩下一个班40多人，教育质量很高。读高中时学费就不可能免了，高一下半学期就转学到省立女中。

我们家生活没有着落，我外婆他们在上海的亲戚都很富，我的衣服都是上海表姨她们穿一两次就不要穿送给我的。我在教会学校读书时，有一个美术老师，大概40多岁，教我们画画、绣花等。她每周去做礼拜，把我们也带着一起去。我从初中三年级就开始去基督教会做礼拜，信教就是从那时候开始的，比较投入，星期日都是在教会过的。

1952年我考进上海医学院。当时国家需要人才，1952年开始全国提供免费上大学的机会，包括学费、书费、伙食费、住宿费等，家庭困难的还可以每月申请4元钱作生活补助，这样我才有机会去上大学。整个大学5年我妈没有给过我一分钱，这5年我也没有回过福州老家。

许教授：您读书时成绩一直不错吧？

张医师：成绩还可以，我比较用功，英文免考，但作文写不好。成绩单发下来总是有红字的，作文五十几分就打红字的，后来有机会找到报纸看看，作文就慢慢写得好起来了。

许教授：您为什么要到上医读书？

张医师：学医是我妈定下来的，我妈说，学医什么地方都需要，生活有保障。我自己也觉得这个专业蛮好的，能治病救人做善事，自己生活也有保障，就报了医科，读了5年。毛医师是1951年入上医的，比我高一年级，学校当时需要培养学生中的党团干部，他被选中了，就半天读书、半天工作，叫半脱产，这样就降到我们班和我们一起毕业了。

许教授：你们是在大学里确定恋爱关系的吧？您曾经是一名基督教徒，而毛院士是党组织培养的一名学生干部，在当时的政治形势下，你们是怎样走到一起的？

张医师：大学入学不久就入团了，后来就不太去教堂，不去聚会了，还做了团干部。

毛院士：我当时在上医团委组织部兼职工作，她是团支部委员。她非常感谢党，没有共产党她不可能到上医来读书，伙食费、学费、生活费全免了，记得她配眼镜都是免费的，还申请了每月4元生活费补助，这钱够她在上海学习生活了，但回家的路费没有，所以她5年都没有回过家。印象中她学习成绩很好，做人非常诚实，这与她在教会的教育有关。

许教授： 张医师您当时对毛院士有什么印象？

张医师： 我这人，有自己的标准，不是选外表，而是选学习好、为人好的，另外一点就是自己必须要有接触了解。当时我们班上有好多解放军来学习的，有人给我介绍部队的，包括其他一些同学也对我有意思，我都拒绝了。等到他到我们班上后，我就觉得他学习好、为人好，但我还是征求了我妈的意见，她说，你自己看着办吧。就这样因为彼此都很了解就定了。

许教授： 您和毛院士是哪年结婚的？

张医师： 是我们毕业那年，1957年，工作分配在北京。在去北京前，我们在上海领好结婚证，然后到他老家江山县去了一趟。

许教授： 请谈谈您分配到协和医院后的工作情况。

张医师： 进协和医院后，正是"反右运动""大跃进"时期，政治生活非常多，会议也多，我们进去后工作量比较大，东北、西北甚至北京市当地的病人都往我们医院送，因为我们医院医疗质量好，在全国很有名气。我们那里有个妇产科主任叫林巧稚，她是厦门鼓浪屿人，去世后厦门鼓浪屿专门为她塑了一个像。我被分配在内科，内科要求我们在全院要领先，在全国争一流。协和医学院当时是全国唯一一所八年制学校，而上医为五年制，我们分到医院后被要求重新实习一年。内科实行24小时负责制，即没有值班、轮班、休息等，每天24小时你管的病人出现任何事，都要你亲自处理。在内科各专业病房，如消化、呼吸、心血管、血液……各病区轮转。一般一个人管20个病人，这些病人不是疑难杂症就是病重病危，每个病房都有抢救室，天天都有病人需要抢救。对病历的书写要求也

很高,要字迹端正,反映病史要完整、准确,之后还要一、二、三、四地进行分析讨论,最后提出初步诊断意见以及进一步要做的化验、各种检查和初步治疗意见,所以每份入院病历起码要写五六张A4纸。那时经常工作到深更半夜,困了就直接睡在病房的长椅子上。第二天一早要亲自给自己所管的病人空腹抽血,送生化检查,另外还要给自己管的病人做血、尿、便三大常规检查,每个病区都有自己的化验室。每周六还有全内科病历大讨论。如果在门诊,每周六下午会停止门诊,不是放假休息,而是要求全体门诊医生对上午自己所看的病人的病历挑毛病,以此养成一丝不苟、对病人高度负责而不怕得罪人的态度。在协和我们有个三层楼的病房,中央领导也到我们医院来看病,胡耀邦等同志住院时就是我的病人。当时每天睡不够,累得很,后来我们把毛医师妈妈接出来,把小孩都交给奶奶来管,我每个月的工资也都交给她,自己身上一分钱都不剩。

许教授:两个人的工资加起来是多少?

张医师:一共约112元,基本上是112元养五口人,后来加到每人每月62元钱,两人共124元,过了20年。当时,我是医院里最穷的一个,我的同事们条件都很好。

许教授:在北京的生活条件不是很好,一家几口人挤在一间屋里,收入也不高,回想起来是否觉得很艰苦?

张医师:也不抱怨,1978年初到杭州来,也很苦,工资降至每个月50元(因为在北京时有地区补贴),小孩又多,还要给我妈寄点生活费。

许教授：1970年您丈夫毛江森不愿意违背事实和良心，不同意写与被他人迫害的父母亲划清界限的材料，导致你们全家被下放，奔赴西北一个大山沟的人民公社卫生院。您当时怀孕5个月，要从协和医院下放去人民公社，实在是很大的落差，您当时是怎么想的？

张医师：当时医务界也在响应国家"6·26"号召，我就从内科分配到"6·26门诊部"工作，我正好在"6·26"时怀了老二。毛医师在医科院病毒所，军代表认为病毒所要解散，去为贫下中农服务。我就想下放就下放，到乡下也一样能生活和工作。当时他（指毛院士）对我说要到甘肃祁连山去，这是接近我国原子弹爆炸试验的地方。国家曾组织医疗队去，我们药房也有两个同志去过，我向他们打听当地生活情况，他们说这个地方缺水，还冷得要命；每天要从山上下来取水，所有路边都挖坑，所存沟水就是饮用水，应对天冷就是拾外面的牛粪晒干烧了取暖。我就说我们身体都很差，能不能和"军宣队"讲讲，求求情，我们不往甘肃北面去，往甘肃南面去。后来他们开恩了，让我们到甘肃南面的康县，毛医师就自己提出下放到最基层，这样就不是到县医院，而是到公社卫生院里工作。

毛院士：我夫人当时在协和工作，正是她事业蓬勃发展时期，当时是我被下放，原因是我不能违背事实和良心，但也准备好承受所有的困难。我回家和她说，她一口答应跟我走，她劝我去就去吧，没有什么大不了的，唯一要求，不要太冷。我们中国医学科学院碰到好几个这样的情况，张医师是落差很大的，当时她在协和是受重用的，她能跟我走，我非常感激，是她救了我，那时有好多家庭都离婚了，有的假离婚变成了真离婚。

张医师：我当时没有多想，想他们能生活，我们也能生活。

许教授：调回浙江后，毛院士面临着一个做什么课题的问题。有人劝他做肿瘤病毒，有人劝他做老本行干扰素，后来毛院士决心做甲型肝炎病毒和疫苗的研发，整天与甲肝病人及粪便打交道。对他的选择，您当时抱什么态度？

张医师：他当时在北京是搞干扰素的，我想他会做干扰素，他发表的好几篇文章，国外几百个人写信来索要。很多情况他也不一定和我讲，各忙各的工作，因我当时在浙江医院工作也很忙。至于他为什么一下子转到做甲肝课题是因为当时甲肝流行很严重，江南一带的农民深受其害，他曾见到过一家五口得甲肝的，一个村庄42%的人得病。

许教授：甲肝活疫苗的研发历时很长，工作很艰辛，听说您负责第一批的人体试验，是吗？

张医师：当时我在浙江医院看门诊，工作有点灵活性，这样我比较方便地就把这个任务接了下来，我是最合适的一个。第一批找了两个人，省医科院也有一个，后来找了十个人，再后来又到小学里去做。临床试验这部分工作就是我负责做的，在上级批准后，做了充足的准备，第一例志愿者是我亲自接种的。

许教授：科学家的工作和生活如何获得平衡，不光取决于科学家本人的态度，还跟科学家的妻子和家庭的支持分不开。这个方面，我们想听听张老师的感受。

张医师：在协和工作时我都是透支的，身体不好，去查了血常规，也没及时去看结果，过了一段时间人更不行了才去看看，结果发现血色素很低，降到了正常值的一半，我想这下完了，得血液病了。又一次因身体老感到乏力，怪到喉咙痛上，就想去把扁桃体切掉，这样事先要做常规检查，拍胸片，才发现得了肺结核，休息治疗了一两个月就去上班了。

许教授：后来您调回浙江，工作强度还是很大？

张医师：我到杭州，被安排在浙江医院看门诊。我去的时候医院刚开放，可以接收普通病人，他们就叫我去管病房，带了一个工农兵大学生，刚毕业的医生。这个病房收内科所有病种，有神经科、心血管科、消化科、血液科等，而且危重病人很多，一般24小时值班后，就可以交班了，但还是不放心，又连续查房看病人，一般都要到第二天中午才能拖着沉重的步子回家。我们抢救治疗了不少疑难重症病人，后来全院就选我们当先进了，但自己身体又接近垮了。

许教授：在相当长的一段时间，你们家庭的经济状况如何？

张医师：来浙江工资低，因为没有在北京时的地区补贴，所以钱更少，苦得很。在"文化大革命"期间，因为看不惯批斗，我在北京就开始做"逍遥派"，自己学做衬衫、裤子，连丝绵袄、丝绵裤都是自己做，家里人的衣服也都是我做的，这一二十年全家人的毛衣也都是我自己织的，衣服里里外外都是补丁，连袜子也是补了又补。我曾对当时来访的《光明日报》记者说这些东西你都可以拿到博物馆去展览了，我们的情况比当时在映的一部电影《人到中年》更精彩、更有内容，硬是凑合着把日子过下来了。

许教授：在三个孩子的成长过程中，教育是不是您负责？

张医师：我要管病人，连做梦都是病人的事。他要管科研，小孩几乎没有怎么管，有点放任。我的小儿子在老家反复得肺炎，然后哮喘，以致病危在医院住院抢救一个多月，出来后，每年都要发病好几次，每次都是我自己在家给他治疗，一直到高中才好一点。

毛院士：张医师在家里吃饭，吃了一半，饭碗放下来，想到了病人就去看书了，协和培养出来的医生都是非常尽心尽职。

张医师：那我抢救的病人多啦，能抢救过来的，就尽量抢救。有好几次院内外会诊都说要死了，快通知家属或者提议赶快出院，不要死在医院里，但通过病史分析，好多例都被我抢救过来了。

许教授：您本人是哪一年退休的？退休之后，您主要做些什么？

张医师：我是1995年退休的，退休后在生产甲肝疫苗的普康公司工作，开始搞科研，搞临床试验。甲肝疫苗研发成功后，有关安全的问题由我负责处理。

从公司退下来后，我就去做一点感兴趣的事。小时候在教会里唱歌（做礼拜时唱），上高中、上大学时也唱过，后来几十年就没有机会唱了，都是不断地搞"运动"，一直到前几年，公司搞活动了，出去转转，就开始唱个歌，跳个舞。后来又到外面去参加唱歌班，有英文班、中文班；还学画画，学了一年多，老师说我画得比学了几年的学生还好；还学弹钢琴、写字等。但后来都因身体不行，不能坚持了，只有唱歌一直坚持到现在。

许教授：上次访谈中谈到服务社会和公益事业，你们家在杭高和上医两所学校都捐款设立了奖教基金，在毛院士家乡出资建立以他幼时名字命名的贺仓维书希望小学，在2008年的汶川大地震中捐款赈灾，还有个人帮困和助学等。您还有补充的吗？

张医师：资助的事，我们都是一起搞的，当时还有一个是丽水地区的贫困山区的孩子，我们每年把钱寄过去。

许教授：今天我们处在一个价值观急剧变化的社会，社会进步导致价值观的多元化，而价值观的多元化在一定程度上也表现为价值观的混乱，加上社会贫富差距加大，存在着许多令人不安的现象。作为曾经的基督徒，您本人对此有何看法和建议？

张医师：你这个问题很有哲理，现在贫富差距是大了一点，我想，对于有困难的同志，政府可以扶他们一把，群众也应互相帮助，帮助他们走出困境，他们好起来后，还可以回报社会的。

许教授：毛院士，您有什么补充吗？

毛院士：过去的30年，我有很多经历，主要是下放，与下放结缘，我本人被下放了三次，每次下放都救了很多人。第一次下放是1958年，下放到北京昌平县种菜，我救了一个濒死的小儿，感动了村民，后来在时任卫生部部长钱信忠的陪同下去中南海受到周总理的接见并合影留念。第二次下放是1967年"文化大革命"时期，我自己要求下放的，我真的不理解这次可怕的"运动"，我借了一本司马迁的《史记》来看，正好中国医科院要组织一个医疗队去湖北，我就积极报名参加，防病治病半年。第三次下放是到甘肃，不光我一个人下放，而是全家一起下放，当时我夫人正有身孕，她毫无怨言地陪我一起下放。还有就是我的大儿子毕业了，要下乡，

找插队劳动的地方，我母亲去求一位村长，他们没有接受，后来政府安排了，下放到江山很偏远的一个地方，他去了。后来他回家对奶奶说，住在一座泥排小屋里，在半山腰，四周无人，那地方狼很多，夜里狼叫起来很可怕，而且半夜里狼经常来"敲门"。我母亲听了，二话没说，拿起行李陪孙子一起下放。是爱心帮我们渡过了难关，在邓小平同志新政策出来后，他上了大学。现在我大儿子在美国一所大学的医学院当教授，他有两个孩子，继承了我们家的优良传统，品学兼优，多次被学校评为道德模范，现在在美国一所很有名的大学读书。我出身很苦，父母都是普通农民，张医师出身也很苦。父母没有给我们财产，但给了我们一颗善心。

谢谢你们的采访。

许教授：尊敬的毛院士，尊敬的张淑雅医师，非常感谢你们于百忙之中接受我们的采访。在和毛院士的访谈中，我们采访组全体工作人员深受教育，获益匪浅；毛院士的讲述饱含激情，细致敏锐，富于社会同情心，深具人格感染力，令我们如沐春风，也让我们大开眼界。今天和张医师的访谈也做得十分成功。能够获准对你们进行采访，我们深感荣幸。请允许我代表全体工作人员，向毛院士和张医师再次表示感谢！

（采访人：浙江大学人文学院中文系许志强教授，2013年7月11日）

书刊文摘

消灭甲肝，泽被苍生
——病毒学家毛江森院士访谈

因为道德的激情让毛江森悲天悯人，所以他干了一些有风险的事情。他记得小时候得麻疹，母亲在他床边说的几句话让他一辈子都难忘："维书啊，你怎么还起不了床呢？病我替你生吧，你快好起来吧。"他当时躺在床上睁不开眼，只听到母亲的眼泪"吧嗒吧嗒"落在竹席上。母爱使毛江森一辈子难忘，他又把这个爱传递给病人，甘冒一些风险。

体弱多病，立下从医宏愿

毛江森出生在浙江省江山县的一个毛姓聚居的小山村，父母都是农民。毛江森出生时父母根据家族的命名规则，为他取名毛维书，是维字辈。毛江森小时候经常生病，别人得麻疹十天半月就可痊愈，但他要40天才能好，他父母为此操了不少心。20世纪30年代，农村无医无药，只有算命先生。算命先生说他命里缺木，要改名，所以就将毛维书改为毛樟森，有四个木；光名字里有四个木还不够，还要拜村口的大樟树为干爹，才能保佑平安。上学以后，他嫌名字笔画太多，就自己做主将名字改为毛江森，一直用到现在。20世纪90年代，他在家乡建了一所希望小学，村里用"维书"作校名，"维书"这个名字又被用上了。改名是件小事，但自幼的

体弱多病对毛江森的影响很深,其中包括择业。

毛江森高小的时候身体很弱,体育不及格,按校规是要留级的。父母四处求人,好在校长心善,考虑到这孩子除了体育不及格,其他功课都很优秀,便网开一面,准予升级。毛江森后来考入著名的浙江省立杭州高级中学。高中还没毕业,老师就建议他以同等学力考大学。在选择志愿时,父母来信叮嘱说:"你从小体弱多病,把你带大实属不易,你还是学医吧。"毛江森在高中时最喜欢物理和数学,对生物不是很重视,而且从未见过白大褂,也几乎没吃过一片西药,但考虑到家庭现状,便报考了国立上海医学院。读了6年的医学,毛江森明白了一个道理:从医是一条奉献之路。这和上医老师们的言传身教有关,他们对病人的爱护无微不至。虽然没有选择钟爱的数学和物理,但毛江森认为,数理基础的训练并不一定为了择业,而是训练脑子,训练逻辑能力和思维速度,即使以后不从事相关工作,也是获益匪浅的,人生需要这样一个基础。现在学医的孩子们多半对数学没有兴趣,他担心这对培养将来的医学科学家不利。

走上科研道路

毛江森学医的初衷是为了行医,然而当时中国医学科学院刚成立,需要一批学生。毕业后他就被分配到了中国医学科学院病毒学系从事研究工作。1960年,在中国病毒学的奠基人黄祯祥教授的领导下,他开始研究干扰素,目的是找到一种类似抗菌素的东西治疗病毒病。这个论题开始得很早,目标也很吸引人,小组研究了3年,建立了干扰素的产生和影响因素的研究方法,找到了如何得到最高浓度的干扰素并用于治疗的方法。这3

年有6篇论文发表在《微生物学报》上。但毛江森及其同事们后来认为,这个并用于治疗是不可能的,不是质的问题,而是量的问题。在体外用病毒和细胞的系统并不可能获得高浓度的干扰素。因此他们产生了一个想法——用生物工程的办法解决干扰素的生产问题。

当时,中华人民共和国刚刚合成了胰岛素,这一成果鼓舞了毛江森他们,于是想到走生化工程的路子。毛江森在协和进修生物化学的时候,导师是从英国回来的著名酶学专家李士谔教授。当时有个美籍华人牛满江教授,在 PNAS 杂志上发表了好几篇论文,声称他分离出的 mRNA 可以在体外诱导多种生化大分子的合成,甚至是很多酶的合成,这轰动了全世界。李士谔教授也设计了一个系统来研究是否能分离出诱导性的 mRNA,是否能诱导出酶。多次研究证明,牛满江的结果不成立。美国也有个实验室做了这项工作,现在看来,当时的技术水平根本不可能做出来。

这就是人们所说的"科研不端"问题。当时这项研究在理论上是可行的,不过要很多年以后才可能实现,比如现在可以通过转基因手段来做了。当时,毛江森作为一个年轻的科学家,意识到诚实很重要。

毛江森家就在协和图书馆旁边。即使是困难时期,协和图书馆里也有很多外文书籍和杂志。毛江森就一头扎进了图书馆,每天看书到晚上图书馆关门才离开。这给了他一个机会,发现了一篇报道。报道说,用劳氏肉瘤病毒感染啮齿类动物后的细胞产物里能分离出病毒特异的 DNA。但劳氏肉瘤病毒是 RNA 病毒,怎么会有 DNA?他对这个问题非常感兴趣:很多 RNA 病毒合成蛋白质后就完成任务了,那病毒的 DNA 是从哪里来的?李教授认为这是病毒前体,但毛江森从更高的遗传学信息传递层面来考虑。当时"中心法则"非常权威,信息储存在 DNA 里,DNA 会把信息转录给

RNA，RNA再转译合成蛋白质。但是劳氏肉瘤病毒在感染后分离出了DNA，这就让毛江森产生了一个想法：莫非RNA能把信息交给DNA？这就是逆转录了。令人惋惜的是，当时"文化大革命"来了，科学家们自身难保，科学思想的火花自然难以顾及了。

道德的激情能使人无所畏惧，但是科学的方法是解决问题的钥匙

1962年起，经中国医学科学院批准，毛江森被黄祯祥教授招为助手。"文化大革命"开始了，导师黄祯祥教授被关进牛棚，而毛江森是所谓"修正主义"科研路线的执行者，这棵苗子自然也被认为非连根拔掉不可，研究工作被迫停止。

在下放北京市昌平县期间，有天夜里老乡来找毛江森给孩子看病。毛江森说既没有听诊器，也没有药箱，怎么看病啊。那老乡说，人快要死了，你赶紧去，好歹试试看。毛江森过去一看，孩子窒息得脸都发青了，喉咙里堵塞了很浓很浓的痰。毛江森硬是用嘴巴把痰吸出来。痰吸出来以后孩子大叫一声，就好了。老乡跪下来感谢他救了孩子的命。后来这件事传开了，中央机关很多领导都知道了，给了毛江森一个"劳动模范"的称号，他还到中南海接受周总理的接见，和朱德、郭沫若等领导人一起合影。

1974年下放西北时，陇西县死了很多乳儿，有人认为是"病毒性出血热"。毛江森被派去察看，经过调查他发现这不是出血热，他不清楚是什么病，但推测跟哺乳妇女吃发霉的玉米有很大的相关性。那个地方没有粮

食，只有返销粮。和军代表汇报之前毛江森做了很久的思想斗争，因为他是来接受再教育的，并且他只是猜测，有很大的不确定性。若明哲保身，毛江森只要写上"不是出血热"，让他们另派专家即可。但后来他还是和军代表讲了，认为是返销粮有问题。毒素分子很小，可以通过乳腺进入娃娃体内，娃娃的凝血机制不够健全。他建议停止吃返销粮一段时间。刚停止了一个星期，就不再有就发病例产生了。

毛江森回去时，大家都说他胆子真大，如果判断错了，就是"现行反革命"，要关起来的啊。当时的知识分子都怕得要命，没人敢担这个责任，而且就算解决了这个问题，对个人也没有好处。但当时毛江森干了。后来他在一篇文章里写过两句话："道德的激情能使人无所畏惧，但是科学的方法是解决问题的钥匙。"这两者缺一不可。后来了解到这批玉米是从东北运来的，路上用了十天十夜，遮盖不好，日晒雨淋，长绿霉了。兰州大学把这绿霉拿去研究，发现这种毒素能破坏血凝，才证明毛江森是对的。因为道德的激情让毛江森悲天悯人，所以他干了一些有风险的事情。他记得小时候得麻疹，母亲在他床边说的几句话让他一辈子都难忘："维书啊，你怎么还起不了床呢？病我替你生吧，你快好起来吧。"他当时躺在床上睁不开眼，只听到母亲的眼泪"吧嗒吧嗒"落在竹席上。母爱使毛江森一辈子难忘，他又把这个爱传递给病人，甘冒一些风险。

甲肝疫苗研究之路

1978年，毛江森由西北调到杭州，面对着要做什么的问题。有人劝他研究肿瘤病毒，认为这是高水平的研究，有人劝他做干扰素，因为他轻车

熟路，他是中国最早做干扰素研究、研究时间最长、发表论文最多的人。但毛江森希望了解一下浙江的农民，哪种病对他们危害最大。他花了半年时间，在杭、绍、宁等地调查，结果发现水乡地区的百姓深受甲肝之苦。这种病发病率高，是第一传染病，病期长达两个多月，他曾亲自探视过一家五口全部得甲肝的家庭，一个自然村42%的人受甲肝病毒感染。毛江森震惊了，这就是他开始研究当时未被人重视的甲肝的原因。

1988年，上海甲肝大暴发，32万人发病，人心惶惶。毛江森决定要发展甲肝活疫苗。历时12年，他成功了。疫苗的大规模使用和卫生条件的改善使甲肝的发病率由200/10万下降至10/10万～20/10万，与发达国家持平，基本上解决了甲肝对百姓的危害。现在大家都说："老毛啊，你当时搞甲肝真有眼光啊。"毛江森回答道："不是我有眼光，是当时的现实惊醒了我。"

毛江森研究的是减毒活疫苗，打一针可以得到持久甚至是终身的免疫，不需要反复接种。中国24年的经验证明，活疫苗最适合中国国情。毛江森对这类疫苗形容道："有时候你看它的抗体反应不一定很高，但是它的免疫是全面而持久的，保护率可以达到99%以上。它的研究是比较困难的，首先要拿到比较好的毒株，然后研究毒株的稳定性，接下来要把原来的毒减掉，还要进行疫苗制造工艺的研究、怎么放大、保护剂的选择等。"

（摘自《康复·生命新知》，2012年12月号，记者：程明）

中国科学院院士毛江森评价甲流防控：甲流病毒跟SARS有很大区别

科学家不应被"SCI"束缚

一提起毛江森院士，人们就自然而然地把他与甲肝疫苗联系起来。甲肝疫苗的成功曾被"两院"院士们评为1995年度中国科技界十大新闻之一。而科学家的头脑里想的是什么？大家都很想知道吧。毛院士用一句话概括：科学家的创新很重要，但我觉得新认识产生于头脑，一定要用脑子想，而不是仅仅依靠实践，有科学的思维才能由表及里，看透问题，看透病毒，办法就来了，防治办法就有了。

新病毒病不等于新的病毒

问：最近几年，从SARS到禽流感、甲型H1N1流感（简称甲流），好像新的病毒越来越多了，这是怎么回事？

答：最近30年，新的病毒病好像增加了，也给大家带来一些误解，认为新病毒来了。但是新的病毒病并不等于新的病毒，这些病毒可能早就存在于这个世上，病毒的出现比人类还要早，病毒与人的关系一直在演化中。新病毒病多半是原来不在人间流行，是从动物圈到人的。病毒的大家

族一共有23个，不会突然出现一个新的病毒家族。

比如说，有一个病毒病叫黄热病，有两个生态圈，第一个是猴子和蚊子之间的传播，这个生态圈叫作森林型黄热病；第二个是由于人进入森林猎食，蚊子把病毒传给人，然后在人群之间传播，这个就是城市型黄热病。这实际上就是生态性的改变，不是又出现了新的病毒，包括艾滋病、SARS等，都是由动物传给人的。这些新的病毒病的出现，常常是由于经济开发、捕食野生动物、殖民、生态改变等原因而引发，引起病毒生态改变，传播扩大。这些新病毒病的出现常常会引起严重的后果，在经济开发中要十分重视这一问题。

大部分的病毒是很稳定的

问：这些新的病毒病，是因为病毒变异引起的吗？

答：再一个认识是病毒的变异问题。哪里感染病毒死了一个人就会报道说病毒变异了，毒力增强了。其实一般来说病毒基因稳定性是主流，是千万年演化的结果，易变的基因反而在演化中容易被淘汰。那么为什么有时候在这个人身上表现得毒力强？原因不是病毒变异了，而是这个人的免疫功能比别人差，甚至于有一定程度的免疫缺陷，这在禽流感中表现得很突出，致病的人很多是免疫功能差。人的免疫功能在病毒的致病性中是很重要的因素，病毒致病性主要表现在：第一，看病毒的靶细胞在哪个部位，如果在重要脏器，危险性就高；第二，跟繁殖力、复制能力有关。

甲流防控的反思：不能只靠隔离

问：对去年流行的甲型H1N1流感，每个国家的防控策略不同，也有不少反思的声音，您怎么看？

答：我想说说我国的防控策略。甲型H1N1流感刚刚出现时，我们国家首先想到的措施是把病毒拒于国门之外。这种想法当然可以理解，但从病毒学的角度看，并不可行。因为像这样的上呼吸道病毒，表现出来的症状比较少而轻微，大多数人是隐性感染或亚临床感染。也就是没有明显症状，但已经带有病毒，这些人是很难被识别和隔离的。这都是病毒在长期演化过程中获得的感染特性，病毒若没有这样的本事，基因早就被淘汰了，就不可能生存长达数千万年。所以，虽然H1N1与SARS一样，病毒最早都来自动物，但是它们两者有很大的不同。SARS病毒攻击的是肺细胞免疫细胞，显性为主，病死率较高，隔离效果明显；H1N1是有大量隐性感染存在的上呼吸道顶端较轻微的感染，隔离难以达到预防目的。

流感有一个流行过程，流行期长短大致可以推算，但是需要很多参数，例如病毒在体内能带毒多久、病毒排出量的多少、细胞能复制病毒数量有多少、易感人群的数量等因素。从这些数据可以大约估算出来，这样就可以知道它大概能流行多久，如无意外，H1N1在今年夏季有可能会退出流行态势，人为去改变要看利和弊的平衡。

其实，对H1N1我们的重点应该放在对重症病例的治疗上，特别要注意保护好免疫功能低下的人和弱势群体，给予更好的治疗，给予更多的关注。

问：学术界现在评价一个人的成就，多数以SCI文章衡量，甚至也有研究人员心态浮躁，您怎么看？

答：这是一个大问题。我常想的是，我们花了12年时间研究一个甲肝病毒疫苗，解决了一个问题，现在的科研人员大概会视为畏途，很少人会设计需要花这么长时间的课题。原因是现在很多科研人员心态浮躁很严重。

浮躁的原因，也有客观环境等诸多因素。其中一个因素是政府牵动的科研成果评估和奖励政策，以及采用SCI标准来衡量一个学者的水平，导致研究人员目光都瞄准了SCI，SCI成了一根指挥棒。浙江省医科院以前有位研究员专门研究黄鱼的卫生标准，以前杭州的大街小巷有许多黄鱼小贩叫卖黄鱼。这个课题从SCI角度看，可能并不重要，但对保障老百姓的健康而言，则很重要。

（《钱江晚报》采访稿，2010年4月，记者：王蕊）

把知识变成资本

人们对攻克疾病的医学家总有一种发自内心的敬仰。因为这种贡献常常超越了经济、政治等人为的范畴，回归到对生命最为直接而真挚的帮助。

"中华人民共和国成立以来，有两次大的病毒性疾病的流行曾经威胁到国家的安全，最近的一次是SARS，而上一次就是1988年上海甲肝大流行。"

提到毛江森院士，就会联想到甲肝。这位如今已经年过七旬的老人被誉为"甲肝克星"。他带领的团队从事甲肝病毒和疫苗的研究已近30年。现在这个甲肝疫苗在我国已成功使用了17年，被十多个国家所采纳。甲肝疫苗的成功曾被"两院"院士们评为1995年度中国科技界十大新闻之一。

"研究甲肝的30年正是改革开放的30年。"或许正是毛江森口中的这个历史时间"巧合"，也让获得学术成功后的他对知识与财富的把握更具有时代特征。

2000年3月，在政府指导的公司股份制改造中，以甲肝疫苗研究成果作为技术入股，毛江森获得了浙江普康生物技术股份有限公司千万元的股份，成为中国高额持股的科学家之一。

无医无药的童年

有句话说"久病成良医",不无道理。

对毛江森而言,"自幼体弱多病"和童年时家人遭遇"无医无药"的痛苦让学医成为他的愿望之一。

"小时候身体真是很差,年幼的时候一生病就是两个月,病在床上爬都爬不起来。"1933年1月,毛江森出生在衢州市江山县一个农民家庭。"我们现在常常说许多地方缺医少药,但当时我们村里,简直是无医无药,一点点小毛病都可能危及生命,甚至生病多次也从没有看过一次医生。"他年幼时唯一的梦想是病能好起来,能下床去上学。毛江森的姐姐同样体弱多病,而他的弟弟很小就不幸夭折了。

毛江森上学时,最有兴趣的是数学和物理。但他在1951年尚未从杭高毕业时,就考入了国立上海医学院。对于这个选择,他说来自报考前父母给他的一封家书。这封信里基本上就这三句话:"你从小体弱多病,把你带大实在不易,你还是学医吧。"

如何成为"甲肝克星"

毛江森从学医到确立研究甲肝病毒的道路也颇为坎坷。

1956年毛江森从上海第一医学院医学系毕业。带着一个学医人的情怀,他被分配到中国医学科学院,在当时的病毒学系从事科研工作。

"文化大革命"时期,毛江森被下放到甘肃省陇南农村公社卫生院,基本停止了科研工作,后来被调到兰州。

1978年，毛江森和爱人一起被调回浙江杭州。他花了近半年时间调查浙江的病毒性疾病，发现甲肝位列第一，农民深受其害。那年农村正是甲肝大流行，杭州近郊的袁浦村有42%的人患甲肝，甚至有的一家五口全部被感染。

毛江森和与他一起工作的陈念良对甲肝病人挨家挨户地进行调查。那些收集粪便的岁月让他终生难忘：每天早晨，上班的第一件事就是到郊区农民家和医院去收集甲肝病人的粪便，一小包一小包地装入塑料袋，带回实验室研究，希望能从中分离出甲肝病毒。当时收集的粪便足以装满两只大冰箱。

1988年，经过毛江森和研究组10年的艰辛付出，甲肝减毒活疫苗培育成功。又经过4年努力，疫苗正式进入临床推广，甲肝在我国很快得到有效控制。

用知识创造资本

如果说发明甲肝疫苗完成了他科学家的使命，而后来用知识创造资本同样为他引来了很多关注。

2000年，浙江省人民政府决定对原疫苗生产公司进行股份制改造，毛江森以甲肝疫苗研究成果作为技术入股，获得了浙江普康生物技术股份有限公司千万元的高额股份，一时间舆论哗然。

许多人无法接受知识分子"暴富"的神话，但也有人说这是对科研人员最好的激励，从最初的"造原子弹不如卖茶叶蛋"到后来一项项专利发明缔造知识财富，知识的"含金量"日益彰显。

面对各种争议，毛江森很坦然。他说他的目标是"为消灭甲肝而奋斗"，这几个大字就挂在他的公司入口处，也挂在他和全体员工的

心上。

对疫苗价格的严格控制,则是对他"但愿世间人无病,何愁架上药生尘"济世之情的写照。疫苗研发出来的那一年,农村需求量大,液体活疫苗生产由国内四家生物制药公司承担。当时出厂价格为12元一盒,供不应求。于是有人主张成立统一的经营公司,防止价格下滑,毛江森听了很不高兴。他无法忘记贵州遵义有一位老农,带着两个儿子到当地保健站注射甲肝疫苗,手里攥着的是一张张皱巴巴的角票。

由于他的执着,在那个很多东西都涨价的年代,原本价格不低于12元的甲肝疫苗降到了10元甚至8元。身为甲肝疫苗生产企业的董事长,毛江森认为昂贵的医药费支出让许多低收入人群望而生畏。医学工作者除了要拿出更多的科研成果,还要从小事做起,让普通大众都能受益于医学的进步。疫苗不是越贵越好,他一直反对疫苗的贵族化倾向。

研究之魅

面对一位70多岁的老人,我第一次真正感受到什么叫作"鹤发童颜"。雪白的头发,面色红润且富有光泽,神采奕奕。我的问题也冲口而出:"您这是怎么保养的?""生活俭朴,不嗜烟酒,在家吃饭,睡眠充足。"富有规律而节制的作息习惯符合人们对科学家生活的全部想象。

而说起体育锻炼,这位老人却像个做错事般的孩子直摇头:"哎呀,这个不要说了,这个我最差了。"毛院士说自己小时候功课经常是第一,但体育从来不及格,无论他用多大的力气,扔出去的篮球依然过不了及格线,差一点在小学时就因体育挂红灯而留级。与这个身形瘦小的老人聊天的时候，却能感受到一股强大而平静的磁场。

现在，他依旧每天到自己的办公室工作。"我们正在研究几种新的疫苗。"不断地思考、勤动脑筋似乎已成为他保持活力的秘诀。

对医学执着的毛江森在言语间也不时流露出对国计民生的关心，环保、生态、宏观政策等，他对许多问题都有自己的见解。

（摘自《今日早报》，2008年10月3日，记者：余丽）

病毒学家提醒：与野生动物保持一定距离

中国科学院院士、病毒学家毛江森日前在接受新华社记者采访时说，虽然目前"非典"病毒的来源并没有得到最终确认，但是人们应与野生动物保持一定的距离。

捕杀野生动物、驯养野生动物、将野生动物用于实验、破坏野生动物栖息地……针对人类的这些举动，毛江森警告说，许多野生动物体内存在大量病毒，这些活动将会使原本只存在于野生动物体内的病毒侵入人群之中。

一些病毒对动物的致病性很低，但对人类则有很高的致病性，甚至是很高的病死率，黄热病、埃博拉出血热和艾滋病就是典型的例子。

（摘自《新华每日电讯》，2003年4月25日，记者：朱立毅、何玲玲）

甲肝疫苗的发明者
——记著名医学病毒学家毛江森院士

一提起毛江森院士,人们就自然而然地把他与甲肝疫苗联系起来,甲肝疫苗的成功曾被"两院"院士们评为1995年度中国科技界十大新闻之一。我们针对疫苗的研制情况采访了毛江森院士。

记者: 首先请您简单谈一下您的学习和工作之路。

毛江森: 我出生于浙江省江山县一个毛姓聚居的小山村,父母务农。我从小体弱多病,而父母发现我读书尚可,就让我往这条路走了。高小时体育不及格,按校规应当留级,因校长心善,又准我继续读书。此后除了生病外,我在读书这条路上未遇到什么困难。1951年本想以同等学力报考数理专业,父母来信说"你从小体弱多病,把你带大实属不易,你还是学医吧",我就报考了国立上海医学院。读了6年医学,我明白了从医是一条奉献之路。毕业后我被分配到中国医学科学院病毒学系工作,1962年被国际著名病毒学家黄祯祥教授招为助手,从事干扰素研究。由于深感知识储备不够,我又去协和进修了1年生化,去北师大旁听了物理化学课。后来"文化大革命"来了,我乘机把司马迁的《史记》读了一遍。接着,全家被安置到西北一个公社卫生院工作,我能适应农村生活,但面对农民贫病交加和缺乏生存条件的现实,我思考了很多,我更清楚了应当做什么,不

做什么。下乡虽然有8年之久,但使我成熟了许多。

记者:您能介绍一下甲肝疫苗的研究背景吗?甲肝疫苗是从什么时候开始推广应用的呢?

毛江森:1978年初,我被调到浙江工作。花了半年时间调查病毒病的严重性,我发现甲肝(黄疸性肝炎)是第一传染病,水网地区的农民深受其害。我曾在一个村踩点3个月,一个村42%的村民发病,有一户农民一家五口人都得了甲肝,我震惊了!另一个使我震惊的是1988年上海甲肝大流行,32万人集中发病。这使我下决心研究甲肝病毒、研发疫苗。

研究甲肝病毒和活疫苗花了12年时间,4年研究甲肝病毒,4年培育毒种,4年研究工艺。虽然遇到无数困难,但五口之家得甲肝的情景和上海甲肝严重流行的教训给了我克服困难的精神动力。1992年,卫生部批准批量生产甲肝疫苗并在全国推广使用,基本解决了甲肝的防控问题。2005年,印度批准使用我们研制的甲肝疫苗,近年来还有近十个国家相继批准使用。

记者:2003年SARS肆虐中国,给民众的生活带来了巨大的影响,您在SARS的起源认定和疫苗研制方面的工作有哪些呢?

毛江森:2003年4月,通过新华社、电视台等渠道,我从病毒学角度对SARS病毒进行过解读和评估。主要内容已发表在一本名为《两院院士谈健康》的书中。我提出此病可能是新病毒病,病毒可能来源于野生动物,要十分重视有效的隔离,要防止病毒从实验室泄漏,研究疫苗要十分慎重等。之后又发文提出,研制SARS常规疫苗弊大于利,应按生态学理念，严格控制可疑动物，严禁捕杀果子狸等带病毒动物，SARS就可以防控。

记者：针对现在的科学研究中许多科研人员心态浮躁的问题，请谈谈您对这一问题的看法。

毛江森：这是个大问题，我的看法可能很肤浅。我常想的是，我们花了12年的时间研究一个病毒、解决一个问题，现在的科研人员大概会视为畏途，很少有人会设计需要花这么长时间的课题。原因是现在很多科研人员的心态浮躁很严重。浮躁是自然科学研究的大敌。为什么会浮躁呢？可能也不是科研人员自己想要的毛病，有客观环境等诸多因素。其中一个因素是由政府牵动的科研成果评估和奖励政策，这一政策在改革开放初期起了十分重要的积极作用，但时至今日它的负面效应也很大，成了浮躁的催化剂。虽然刹车很难，我们还是应当下决心刹住。

（摘自《科技成果管理与研究》，2009年10月5日，记者：赵凡）

教师节，毛江森院士为母校老师献上"奖教基金"

9月10日下午，杭州高级中学隆重举行"庆祝第24个教师节活动暨校友毛江森院士奖教基金捐赠仪式"。

庆祝仪式由校党总支副书记潘林源主持。会上，缪水娟校长代表学校从杭高校友、中科院院士毛江森手里接过象征捐赠基金人民币50万元的支票牌。

毛江森于1949年考入浙江省立杭州高级中学，1951年高中毕业，考入国立上海医学院。毛院士长期从事病毒学研究，在脊髓灰质炎活疫苗和病毒细胞培养方面做出贡献，率先在我国开展干扰素研究，发现D_2O增殖病毒机制。1978年开始从事甲肝病毒研究，经十多年努力，培育出甲肝疫苗，为控制甲肝流行做出重大贡献。这一研究成果荣获国家"七五"攻关荣誉奖，获浙江省科技进步奖一等奖、卫生部科技成果奖一等奖等，被评为"八五"期间国家科技十大成就之一。

毛江森院士因在长期科研工作中做出的突出贡献，被评选为2007年度浙江省科学技术奖重大贡献奖获得者，获得人民币50万元的奖励。毛院士心系教育事业的发展，心系母校的建设，决定在第24个教师节到来之时，把这笔奖金全部捐赠给母校，作为母校的"奖教基金"，用以奖励长期在教书育人工作中做出贡献的教师。

之后，缪水娟校长致节日祝词。

缪校长首先代表全体杭高教师向毛院士表示真挚的感谢和崇高的敬意。接着，缪校长说："在这节日里，我们回顾自己的工作，总觉得作为教师，工作于教育岗位，我们是光荣的；服务于学生，我们是幸福的。因为我们从事教育事业，会自觉不自觉地拥有一种特殊的使命感，那就是教书育人，就是我们不只是传授知识，让学生考上理想大学，我们更在校园里让学生培养理想与信念，完善健全的人格，丰富科学与人文素养，最终让学生得到精神上最大的自主与解放。"缪校长还呼吁："希望每个教师富有一种职业的责任心、自省力、持久力，坚守我们的教育信仰，使我们创造的教育富有文化影响力；让我们富有一种为人为师的真挚、朴素、正义和公平，做一个有道德的人，为学生做示范；让我们向校友毛院士学习，富有一种心系民生、奉献社会，心系杭高、奉献教育的情怀，踏踏实实教书，兢兢业业育人，为学校的发展、教育的发展做出贡献。"

随后，应益民副校长和杨薇薇副校长分别宣读了2007年各类先进个人的名单和教龄已达20年的教职员工的名单，校工会副主席张旭光宣读了杭高先进组室的评选结果。各类先进集体和先进个人接受了校领导的颁奖。优秀教师代表伊建军老师作了大会发言。

会上，青年教师还向各自的指导老师行礼献花。《钱江晚报》《杭州日报》、浙江电视台等多家媒体报道了我校教师节的活动。

（2008年9月10日）

历史深处
——"6·26"医疗队在陇原

  毛江森，中国科学院院士、甲型肝炎活疫苗研发者，为人民的健康事业做出了巨大贡献。对甘肃人民来说，他是一名光荣的"6·26"战士。1969年，毛江森和夫人张淑雅被下放甘肃，在武都县岸门口镇公社卫生院和甘肃省卫生防疫站工作、生活了8年。1972年，甘肃省陇西县出现疑似"出血热"疫情，很多婴幼儿失去生命，全县陷入恐慌之中。毛江森受命前往调查，他凭着多年从事病毒研究的扎实理论功底和实践经验以及流行病学调查结果，力排众议，推翻"出血热"的诊断，做出了"这是因成人食用发霉粮食，毒素经母乳引起婴幼儿内出血疾病"的大胆推断。唯一的选择是马上停止食用救济粮！可是，调查结果没有实验室数据的支撑，万一推断有误，后果不堪设想。停发救济粮，在当时的背景下，要承担很大的政治责任，但死亡人数在不断增加，时间不等人。毛江森思索再三，毅然将结果进行了逐级上报。他的建议得到了时任县"革委会"主要领导的大力支持。救济粮停发几天后，因病致死的婴幼儿明显减少。后来，兰州大学生物实验室从救济粮中分离出了毒素，证明该毒素能破坏人体凝血机制，这完全符合毛江森的推断。在这次事件中，毛江森以科学的态度、知识分子的良知、医生的责任和对道德与真理的追求，果断上书中央和省、地、县"革委会"，从而避免了更多悲剧的发生。几十年过去了，陇西人民至今在传颂他、感激他、怀念他。

（摘自《丝绸之路》，2013年8月第15期，文：姬广武）

毛江森：为消灭甲肝而奋斗

走进浙江普康生物技术有限公司，见到的都是"白大褂"们匆匆的身影，办公室简单朴素，似乎最近社会上众多议论都被过滤在了消毒间外。而处于新闻旋涡中心的毛江森院士更是坦然对之，唯有头顶上"为消灭甲肝而奋斗"的一行蓝字还光鲜如20年前，那是1978年他决意攻克甲肝而立下的誓言，这已变成了他一生的执着。

在几次沟通后，毛江森答应接受10分钟的专访，但不拍照、不记录。这也是他在"院士获2000万元股份"新闻见报后，沉默数天，第一次接受媒体的采访。

"我是一名老知识分子，当年攻下这个难关时，只是单纯地想，科学家的研究成果出来了，交出去了，就可以了。从没想过要靠这个赚钱，现在也不是这么想。你们问的科学技术如何转化为生产力，我真的没有好好想过。"

这位"身价"极高的科学家此时坐在沙发上，随便地套了件夹克，脚上是一双藏青色老头棉鞋，似乎就在无言地告诉我们，他对物质的要求是很低的。

"国家发给我的工资及院士津贴对我来说够用了，我至今都不知道确切的数目，要那么多钱干什么呢？对科学家来说，实验室是最有乐趣的地方，而不是商场。"

"美国有两位科学家,一位把发明的疫苗投入到公司运作上去,赚了数亿美元,也留给后世一个很著名的研究所;另一位把发明的疫苗到处送,送给苏联,送到中国,当然可以想见,他的生活条件并没有因为这一伟大的发明而改变什么,但他的心灵一定从中得到了乐趣。"

"我是传统的知识分子,一向听政府的。1992年也是在省里领导的关心倡议下成立了普康公司,那时就想把这个科研成果用于普通老百姓,没有把它看成商品。应该说经济效益是副产品,正产品是社会效益。现在普康公司发展到这样的规模,为人民解除病痛,为社会创造财富,为职工谋取利益,我佩服政府的远见。现在政府出台技术要素入股参与分配的政策,配给我2000多万元的股份,当然这还是纸上富贵。希望新闻界低调处理这一新生事物。但我始终相信,政府总是对的。"

"当我听到这个消息,激动肯定是谈不上的,压力却是极大的。我不会搞经营,我想今后我还是干我的老本行,搞科研。现有的疫苗保存时间只有5个月,不利于到疫情易发区的农村推广,现在正在开发甲肝疫苗冻干制剂,保存时间可以更长些。普康公司现有产品单一,只有这支疫苗,对发展来说是极大的制约。我现在考虑的问题太多了,当然投入精力最大的还是转制问题。"

"我非常感谢大家的好意,我们一天要接到十多个新闻记者的电话,但我现在最需要的是安静。希望今天你们和我沟通后,能理解我此时的心情和处境。普康公司转制最好是不放鞭炮不开成立大会,不声不响干上一年,再看实绩。科学也是这样,让成果说话。"

"为消灭甲肝而奋斗",下楼后又看到了这一行醒目的大字,那是毛江森院士每次上下班的必经之路,也是他每日三省吾身的地方。67岁的科学家似乎和潮流并不是那么赶趟，2000万元股份对他来说，其意义不可和当年发明甲肝疫苗（曾被评为1995年度中国科技界十大新闻之一）这一重大新闻同日而语，但有一点他没有说出口却也是乐意承认的，科学家正日益成为创造生产力的主体力量，这两个重大新闻都表明了人民对一位科学家劳绩的肯定和回报。

（摘自《钱江晚报》，2000年3月14日，记者：谷伊宁、徐澜）

毛江森：我毫不犹豫地回到祖国

1978年刚开始研究甲肝病毒时，困难多得不得了，没有足够的人手，缺少设备。年三十晚上，我们跑到河北医学院借用电镜室，观察病毒是否被分离出来，年初一再坐火车赶回来。

那几年，为了分离病毒，整天与病人的粪便打交道，粪便样本塞满了两大低温冰箱。为什么毫无怨言？因为百姓深受甲肝之苦，有的一家五口都得病。

记忆中，我的童年就是在患病中度过的。老家江山当时无医无药，连镇上都没有正规医生。生病了，只能躺在床上自己扛。有的时候，病好了，一个学期都已经过去了。因此，1951年从杭高毕业时，虽然我最喜欢物理和数学，但还是听从父母建议选择学医。

1970年在甘肃工作期间，我所体会到的农民的"贫病交加"，可能是许多人难以想象的。翻山越岭一个多小时赶到病人家，发现她的病情根本不是我的药箱能解决的。守了一个晚上，病人在清晨去世，她的丈夫和两个孩子都没有哭，因为两个孩子因缺碘得了克汀病，智障。而丈夫为了家里的三个病人，早已流干了眼泪。

这些经历，都是促使我不断进行医学研究的动因。甲肝病毒被分离出来后，1984年，受美国国立卫生研究院的邀请，我前去美国做访问科学家，薪水是国内的100倍。可是一年后，我就毫不犹豫地回到祖国，继续从事甲肝疫苗的研发工作。

"忠于人民,忠于祖国",这不仅仅是我一个人的念头,我想也是我们这一代人的情愫。

(摘自《浙江日报》,2009年9月30日,记者:童颖骏)

毛江森的三大"情结"

第一次见到毛江森院士是在1995年。当时,为迎接"全国科技大会"的召开,报社派我采访甲肝疫苗研制者、国家发明奖获得者毛江森,我曾对他的科研模式作过一番探析。

岁月倏忽,7年后再见到毛江森院士时,明显感到他较之以前清瘦,头发也白了很多。但透过浓眉下那双睿智的眼睛,记者分明看到了一种执着和热情,看到一个科学家几十年萦绕于心的"情结"。

大众"情结"

——背负民众最迫切的需要,是科学家的"天职"

在一辑院士论丛中,毛江森曾写过一篇《做什么,不做什么》的文章,文中谈到了他选定"甲肝"作为科研目标的初衷。

毛江森对"甲肝"的研究始于1978年。当时国内外病毒学研究的热门课题是肿瘤病毒、干扰素及澳抗等,且他早在1960年就对干扰素很熟悉。但毛江森认为,科学选题要选人民健康最迫切的题目,要适合我国国情。在立题前,他用半年时间深入浙江农村做疾病调查,发现在浙江水网地区,甲肝流行是人民健康的巨大威胁。在袁浦乡的一个自然村,一次甲肝流行,全村42%的人被感染,他亲眼目睹了一家五口人同时发病的悲惨情景。毛江森没有追风逐潮，而是义无反顾地投入到对甲肝疫苗的探索中，一搞就是24年。

今天，当甲肝疫苗研究取得辉煌成果时，谁能想到，毛江森的这项"国家发明奖"成果，竟始于和粪便打交道。他当时的助手、现任浙江普康生物技术股份有限公司副总经理陈念良回忆说："那时，听说哪里发现甲肝病人，毛医师会马上追踪而去。一人发病，全家人的粪便都要收集，且从发病前一直收集到病后一星期。"这样采集的粪便样本就有上千份。

可以想见，当20面球形的甲肝病毒颗粒通过电子显微镜清晰地出现在中国病毒学家毛江森的视野中时，该是怎样一个惊心动魄的时刻。中国人首次分离出甲肝病毒颗粒的照片及论文，发表在美国权威学术刊物 *The Journal of Infectious Diseases*（*JID*）上。

在成功分离出甲肝病毒的基础上，毛江森建立了甲肝猕猴动物模型及检测抗原、抗体的实验室方法，研究进入了选育安全有效毒种的关键阶段。为减低毒株的毒性，毛江森把分离出的经过20代减毒传代的毒株在人胚肺二倍体细胞中低温适应又传了7代，终于培育出可用于疫苗研制的毒株。在动物实验的基础上，经两期共139人的人体接种观察，证明H_2减毒株具有良好的安全性和抗体反应性。1987年，卫生部部长陈敏章亲自参加了该项目的部级鉴定，并给予高度评价。

从1992年至今，甲型肝炎减毒活疫苗在全国接种已达上亿人份，有关研究先后被列入"七五""八五""九五"国家重点科技攻关项目。10年的大规模使用及大量学术论文证明，我国的甲肝活疫苗十分安全、有效。过去甲肝高发的地区，由于甲肝活疫苗的使用，发病率已大幅度地下降至历

史最低水平,有的普种地区发病率已连续7年为零。毛江森乐观地预言,随着甲肝疫苗在全国普遍接种,我国终将摘掉"肝炎大国"的帽子,让甲肝流行在中国成为历史。

创新"情结"

———幻想产生激情,激情是科研创新的动力之一

凡是和毛江森共事过的人,都会惊叹他在科研中敏锐的洞察力。也许这正是一个科学大家特有的禀赋。1987年他成功地预测了上海甲肝暴发流行即是广为人们称道的一例。

在一次甲肝流行情况调查中,毛江森发现当地人群甲肝抗体水平明显下降,这本来是一项很平常的调查结果,但联想到我国河湖等环境污染的情况,他陷入了思考。为此他在一篇学术文章中写道:"……一旦有意外的传染发生,如由带甲肝病毒的泥蚶所引入,由于大量易感人群的存在,将会引起大规模的甲肝流行。"这一预测不幸言中,仅仅半年后,一场空前的甲肝大流行在上海暴发,发病达32万人,而传媒正是毛江森所预言的带病毒毛蚶。

西欧疯牛病疫区使用牛组织为部分原料的制品潜在的危险性,今天已引起政府有关部门的高度重视,而早在1996年英国正式公布人脑海绵样变脑病时,毛江森等科学家已敏锐地预感到疯牛病的潜在威胁,他和朱既明、李河民等专家联名上书陈敏章部长,建议为防患于未然,严格控制从西欧进口以牛组织为部分原料的与健康有关的产品(包括化妆品和一些生物制剂等)。1997年又就此事给卫生部写了报告。

而这种敏锐的洞察力在青年时代的毛江森身上就已显露出来。遗传信息从DNA传给RNA是被当时科学界公认的"中心法则"。在我国,毛江森是最早研究干扰素的科学家,他在阅读大量论文时,敏锐地捕捉到具有普遍遗传学意义的重大苗头,在《病毒感染细胞的机理》一文中,提出"遗传信息有可能从RNA传给DNA"的大胆设想。这是对当时的"中心法则"的一大冲击。数年以后的科学研究证实了RNA逆转录酶的存在和意义。

除了天赋异禀,毛江森还非常勤奋。他的夫人当年在协和医院做内科医生,她回忆说,当时协和图书馆藏书十分丰富,这深深吸引着毛江森。每天草草吃完晚饭,他就一头钻进图书馆,直到闭馆。一个寒冷的冬日,埋头读书的毛江森从图书馆出来时,才发现他御寒的蓝布棉大衣已不翼而飞。

在科研中既异想天开,又实事求是,使毛江森的研究充满激情,也使他在科研中能独具慧眼,从纷繁的现象中发现苗头,从看似混乱的数据中找出规律。在采访中,记者听到这样一个小故事。甲肝疫苗研制动物实验阶段,一只死去的红面猴被经验不足的实验员随手扔掉,毛江森知道后千方百计找了回来。经检验那只猴子体内的抗体为阳性,证实已被感染甲肝,具有典型的意义和科研价值。这件事使科研人员深受教益。

回顾几十年的科研历程,毛江森说,科学研究只有在不断揭示自然奥秘中,才能显示出旺盛的生命力。科研是非凡的苦旅,永远没有止境,每深入一步,就会有一个新的目标出现,也许这正是科研工作者孜孜以求的乐趣。

母子和夫妻"情结"

——浓浓的亲情和传统道德之美,在科学大家的身上折射出人性的光辉

在毛江森的生命历程中,有两位至关重要的女性——他的母亲和妻子。

谈起母亲,69岁的毛江森仍像孩子一样动情。他说:"母亲和我几十年相依为命,对我恩重如山。"

毛江森于1933年出生在浙江江山一个农民家庭,家境贫困,父母识字不多,希望他多读书。毛江森5岁就上了村里小学,四年级时,转到全县最好的小学住校。几个月后,毛江森就成为全班学习最好的学生。初中毕业,他考上了浙江省立杭州高级中学。"一个中学出了35名院士,这在全国也是少见的。"谈起母校,毛江森仍引以为豪,并力所能及地给以资助。

在毛江森院士的家里,记者见到了他的母亲。老人身材瘦小,蓝色的毛线帽下露出稀疏的白发,那双眼睛却很亮。

时近中午,毛江森院士回到家,一进家门便径直走到母亲屋里,亲热地摸摸头,拉拉手,然后弯腰把母亲从床上抱到轮椅上,又一步步推到饭厅。69岁的院士推着轮椅上91岁的老母,和谐中充满了浓浓的母子亲情,透射着一位科学家身上的传统道德之美。去年,母亲股骨颈骨折,毛江森心疼得掉眼泪,夜里常常惊醒,至今说起仍眼睛发红。

说到妻子张淑雅,毛江森言语中饱含厚爱和感激之情。几十年中,她同丈夫相濡以沫,荣辱共生。在毛江森下放甘肃的艰难岁月,她以女性的坚忍守候在丈夫身边,养育儿女,照顾老人,一针一线缝补衣服,从无怨言。是她的鼓励使毛江森的心中从未泯灭对医学研究的热情。在毛江森研制甲肝疫苗的过程中，作为内科主任医师，她主持了疫苗的两期临床试验及大规模使用中的安全监控，并保存、整理了56卷珍贵的科研资料……

正是身边这两位普通女性的奉献和包容，正是这几十年萦绕于心的三大"情结"，成为毛江森人生深厚的根基和不竭的动力，使他在科研的苦旅中不敢有一丝一毫的懈怠，在辉煌的成就面前不敢有一点满足，也使他在科技界的浮躁中，始终保持一份清醒和冷静。

经历了过去的清苦和今日的富足，毛江森的心态始终没有改变。他衣着随意，不嗜烟酒，很少在外吃饭，唯一的爱好就是钓鱼。当一个人坐在湖畔时，面对静静的湖水，他思维的翅膀常常会掠过湖面，在科学的天空中飞翔。

（摘自《健康报》，2002年5月28日，记者：靳玮）

毛江森院士的烦恼与思考
——以浙江省医学科学院发展为例

按照浙江省卫生厅党组群众路线教育实践活动的工作安排，厅机关驻浙江省医学科学院（以下简称省医科院）蹲点调研组在前期调研的基础上，7月12日专程登门拜访了中科院院士毛江森，听取对蹲点调研报告的意见与建议。

在将近一个半小时的谈话中，80岁高龄的毛院士思路清晰，关注现实。他充分肯定调研报告，结合自己56年工作的感悟，以浙江省医学科学院的发展状况为例，着眼实施创新驱动发展战略，畅谈了困扰多年的烦恼，叙说了对科研人员评价、科研成果转化、科研单位的改革发展及管理创新等的一些思考。

◇烦恼一：科技人员论文导向，浪费了大量的国家科研经费。

◆思考：及时更新科技人员职称评审、科研成果考核标准。

SCI（科学引文索引）在中国科学界的地位很不正常，它不能代替同行评议以及对科研创新内容的具体分析。看着最近十多年我国沉迷SCI的现象，感到十分困惑。大量的科技人员扑在制造所谓的SCI论文上，用国家宝贵的科研经费来换取，而国内外一流的科研机构都不会用论文数来衡量研究水平，特别是用来衡量应用研究。对SCI和EI（工程索引）过度依赖，促进了学术界急功近利的风气。近年来，SCI还极力打压中文版期刊，中科院的期刊也只有2.0影响因子。

要及时修订1987年版的职称评审标准，兼顾科技开发、科研服务系列，科学引导科技人员的精力投向，并适当授权给一些具备评价人才能力的科研（学术）机构，请专业对口专家来客观评价科技人员的成果水平，打破唯论文现象，鼓励科技人员解决实际问题，不再追求"短平快"。我们掌握科技资源和行政权力的官员，也要懂得选择专家、依赖有水平的国内外专家来评价科学研究，依靠科学的考核体系促进合适的人留在科研队伍中，并得到最好的发展空间。听说最近在修改职称评审办法，要与经济收入挂钩，这走向了另一个极端。

◇烦恼二：科研人员如何潜心科研？

◆思考：完善科研成果激励制度，科技人员享有终身补偿条约。

当年科学家露宿茅草屋研究钉螺、血吸虫的生态；针对渔民群众走街串巷叫卖黄鱼没标准，就选择研究黄鱼的评价标准……老一辈科技工作者的敬业精神、解决实际问题的工作导向至今令人印象深刻，也促使我从事病毒研究50余年，并结合江南水乡甲肝流行的问题，历经12年研究，发明了甲肝疫苗。1992年投放市场后，使我国甲肝发病率以年均20%的速度下降，上海32万人甲肝大流行的现象不会再发生。可见，出一个科技成果是相当不容易的；一个科技成果出来了，发挥的作用和影响又是长远伟大的。

要在更新评价机制、积极引导科技人员解决实际问题后，立足成果转化来激励科技人员。但像医学科学研究，往往产生显著的社会效益，很难

用经济来衡量,这就需要完善科研成果激励制度,争取公共财政来保障公共平台科技人员的待遇,解决他们的后顾之忧,或者在项目经费中,充分考虑科技人员的知识含量,加大劳务支出比例。同时,要探索保护知识产权的新举措。

◇烦恼三:怎么来突出科技人员主体地位?

◆思考:科研单位必须避免行政化,打造好的科研文化。

科技人员的综合水平决定科研单位的地位,科研单位必须创造宽松、平等的氛围来服务、保障科技人员。近年来科研单位行政化趋势比较明显,科技人员围着行政转,而不是行政围着科技人员转,科研单位没有培养出一流的科技人才,却培养了一批领导干部,这是很不正常的现象。领导干部们开会多,坐在办公室多,去科研一线解决实际问题、向一线科技人员寻计问策偏少的现象需要改变。

要像考评科技人员一样,建立科学的针对科研管理人员的评价机制。不是仅靠德能勤绩廉的打分,要动态量化指标加同行评价,还可以探索签订目标责任书、加大一线人员的评价比重、建立所长(处长)能上能下机制等,通过考核指挥棒来打破行政化、官僚化,促进行政人员服务科技人员。只有自上而下化解行政化弊端,科技人员的主体地位才能得到保证。没有了各种烦人的琐事,年轻人的心就会静下来搞科研,就会努力向老一辈学习,传承良好的科研文化。当然,文化的延续和发展需要一定的物质基础,至少住房问题不应成为年轻科技人员迈不过的槛。省医科院今年辞职的8名硕士以上骨干,其中一部分人因为收入等问题被迫转到了反而不利于专业发展的单位去了。

◇烦恼四：科研单位的改革发展不能"等、靠、要"。

◆思考：善于创新不适应的管理体制机制。

省医科院成立于1950年，是我国最早建立的医学科研机构之一。2008年，省医科院被省政府列入重点建设的省属两家科研院所之一。累计获得国家和省部级科研成果200余项，在公共卫生领域取得三大里程碑式的重大成果：首创的土埋灭螺法、甲肝疫苗研制并实现产业化、长效避孕药研究等，先后培养了2名院士，有6名中央政治局常委来视察过。省医科院有这么好的基础，国家又有这么好的科技政策环境，但近年来大的科研项目、好的科技成果、拔尖的人才偏少，与当年囊括省里6个国家科技奖的形势大相径庭。现在看来，其主要原因恐怕还跟落后的管理机制有关。

制度是针对特定时期的，时间长了，就往往存在问题。作为管理者，要有魄力，敢于质疑不合理的体制机制，善于绕开人为的障碍，不断调整发展思路，及时解决现实问题，主动拓宽发展空间。李瑞环同志是甲肝疫苗落地浙江生产的重要推动者。他当时视察省医科院时，我们就积极反映甲肝疫苗审批中出现的困难，他就立即协调卫生部门帮助解决困难，并鼓励我们要善于绕过不合时宜的体制机制壁垒。管理层不能有"等、靠、要"的思想，也不能仅靠一张处方来解决问题。

◇烦恼五：省医科院两个厅管值得反思。

◆思考：探索筹建浙江省科学院。

科技厅管钱，卫生厅管人，其实两个厅管，管钱的知道科研实力与动向，却没有权力用人；管人的知道每年工作情况，却不掌握横向比较和综

合评估。医科院当年发现必须让科研紧密结合临床,想把脚伸下去,建立自己的附属医院,却没有得到有关厅局的支持,去年全国科创大会又在提倡这件事了,但我们已经错失机遇了。客观讲,不只是浙江省,在全国层面比较,省医科院的历史都是辉煌的,科技成果产业化的成绩也是名列前茅的,靠成果转化积累资金硬是盖起占地5.8万平方米的科技大楼,但这样的单位逐渐失去发展优势。同时,我们也看到了40余家省属科研院所都不同程度在衰退,有些已经不是以科研为主业了。

省里的确需要分析目前一些省属科研院所发展滞后的内在原因,认真研究一下,浙江科研院所管理体制改革具体要怎么搞。否则创新驱动发展就是一句空话。科研院所也要多出去跑跑看看,一流的科研院所到底需要怎样的机制体制。我曾经给时任浙江省委书记习近平同志写了一份关于筹建浙江省科学院的报告,按照国际一流的建设机制来重新布局我省的科研机构,突破不适应的管理体制。现在看来,还有必要重提,因为中科系已经是成功的实例。对于浙江而言,可以前期重点规划新兴战略产业的研究机构,按照现代化科研院所建设标准来理顺管理体制,为落实省委创新驱动发展战略注入活力。

(根据浙江省卫生厅采访实录整理,时间:2013年7月)

毛江森院士谈
——病毒与"非典"

问：病毒性疾病从总体上来说有什么特点？病毒感染和细菌感染的疾病在治疗上有什么不同？

毛江森：病毒和细菌都包括在微生物里，但病毒和细菌有很大的不同。

第一个不同就是它们的结构不同。细菌基本上是和细胞的结构相类似的，就像人体的细胞。病毒的结构则要简单得多，它里面是个核酸链，外面包着一层蛋白质，十分简单。这是两者的一个很大的不同。

第二个不同是两者含有的核酸不同。细菌里有两种核酸，DNA和RNA，它们都是并存的。但是病毒就简单多了，要么是含有DNA，要么是含有RNA，它不会两种核酸同时存在。

第三，细菌和病毒的繁殖方式也完全不同。细菌和细胞一样，是靠分裂来繁殖的。通常是二分裂，一个变两个，两个变四个。而病毒的繁殖是靠拷贝，也就是复制。当一个病毒进入一个细胞以后，它就利用细胞的一些物质组装它自己的元件。一个病毒进入细胞以后，一般能拷贝几百个甚至上千个病毒。

另外，大部分细菌都是在细胞外进行繁殖的，会侵犯人的机体，但是不会跑到细胞里去。少数细菌有可能会进入细胞里去，但绝大多数都是在细胞外液进行繁殖的。而病毒的繁殖都是在细胞内进行的，这一点是很不

一样的。

由于有以上的这些不同,所以对于细菌性疾病和病毒性疾病的治疗自然也是不一样的。其中最大的差别在于,病毒对抗菌素不敏感,而细菌对抗菌素是很敏感的。另外一点,它们对于一些化学消毒液的反应也是不一样的。能够灭活细菌的一些消毒液对病毒可能没有作用,比如说常常用于消毒细菌的来苏尔,还有像新洁尔灭,对这些消毒液病毒是完全有抵抗力的。所以这两者虽然都是微生物,但是它们的性质、治疗以及消毒完全不一样。

问:人类历史上遭受病毒袭击的情况如何呢?

毛江森:去年(2002年)6月份,中国科学院开院士大会,他们叫我在大会上做一个学术报告,我报告的主题就是病毒性疾病特别是新病毒病对人类的危害,以及我们如何来对付这些病毒性疾病,目的就是加强大家对病毒危害的意识,并提高大家与病毒抗争的积极性。现在我们就一起来回顾一下人类遇到的这些病毒性疾病。

其中一个就是天花。天花是人类的死敌,它有3000年以上的流行史,病死率可以高达10%～30%。它可以影响一个民族的兴亡。举个例子,像美洲,原来是没有天花的。美洲的天花是16世纪初的时候,由南亚、中东、北非、欧洲的殖民舰队以及后来的贩卖黑奴传到美洲的。天花对美洲的印第安人可以说是灭顶之灾,天花的流行导致人口锐减。比如在1721年,波士顿发生了一次天花大流行。当地有约12000个原住民,也就是当地的印第安人,其中有近6000人发病,也就是说,差不多50%的人都感染上了天花。所以对整个美洲的印第安人来说,天花是他们人口锐减的原因之一。现在的年轻医生可能从来没见过天花,因为天花已经被我们消灭了,但天花曾经是人类凶恶的敌人。

还有一个是流感。流行性感冒由于多年没有大的流行,我们有点把它淡忘了,事实上它曾经也是一个非常凶恶的敌人。第一次世界大战结束时,在欧洲发生了一次流感大流行,死了2000多万人。这个数字超过了当时第一次世界大战的战争死亡人数。流感病毒一旦出现后就流行得很快。比如在1957年,流感病毒的一个新的变异株出现以后,几个月之内就扫遍全球,而且还有一定的病死率。

还有一个是黄热病。黄热病原来发生在非洲,西非曾发生25万人发病的大流行,死亡人数高达35000人左右。美洲原来没有黄热病,也是通过贩卖黑奴渐渐传入的。当时在修巴拿马运河,数万民工由于感染黄热病,50%死亡,一部分逃亡。这里面有相当一部分是华工。这次流行也使巴拿马运河的工程暂停。而到了20世纪末,黄热病的年发病人数仍高达20万,其中90%在非洲。

麻疹是一个典型的急性传染病,传播起来很快,有可能是两年到三年传播一次。它曾经是儿童,尤其是欠发达国家中婴幼儿的第一杀手。它全球流行,并具有高度的传染性。在尼日利亚,15%的儿童死于麻疹。每年全球因麻疹死亡的人数有88万人左右。当然现在麻疹已经被我们控制了。年轻医生可能没有见过麻疹。

还有就是甲肝,它曾经是中国的第一传染病。20世纪90年代前我国的甲肝年发病人数达到100万以上。1988年春天,上海发生甲肝特大流行,32万人集中发病,这在甲肝这种病毒性传染病的历史上也是一次破纪录的流行。甲肝这种疾病和人相处已经几千年了,是一种很古老的疾病。这么

大的流行是第一次。

问：是不是因为不断地有新病毒的出现才导致这样的状况？

毛江森：准确地讲应该是新病毒病的出现。新病毒病的出现是一个很严重的问题。病毒性疾病与细菌性疾病一个主要的差别就是，新病毒性疾病的出现比细菌性疾病严重得多，突出得多。从历史发展来看，好像近30多年来，新病毒病出现的频率增加了。

比如艾滋病（AIDS），原来人们认为艾滋病病毒（HIV）只是在非洲丛林里的猩猩猿猴身体内存活的一种病毒。但是现在，它传到了人的身上。目前，全世界已经有6000多万人受艾滋病病毒的感染，中国估计就有80多万人HIV阳性。在撒哈拉沙漠以南的非洲，有高达20%甚至60%的人HIV阳性。这是非常严重的。而它的病死率也很高：10年内死亡50%，20年内死亡92%。艾滋病已经成为全球第四杀手，因艾滋病死亡的人数已上升到2000万，而上升最快的地区是中南亚、东欧和中国。

还有埃博拉（Ebola）。埃博拉病毒原来是在猴子这种动物身上存活的一种病毒，可能是由于偶然的机会传到人身上。最早是德国一个实验室里的工作人员从非洲买了一批猴子，结果操作这批猴子的实验人员都感染死亡了。其实这个病是个多脏器的出血性坏死，也就是出血热。10天之内死亡，病死率高达75%。这么高的病死率，死亡发生在这么短的时间内，这是非常可怕的。

丙肝病毒也是近几年发现的，它是第一种用分子克隆证实的病毒。它的感染表现与乙肝病毒相似，但它更容易导致肝硬化与肝癌。丙肝病毒的感染者有80%会慢性化，20%会发展为肝硬化，而肝硬化病人中高达74%

的人会得肝癌。现在,全球约有1.7亿人已经受到了丙肝病毒的感染。在中国,丙型肝炎的发病率约为2%。

1999年,马来西亚发现了一种新的病毒病,取名叫尼帕(Nipah),它首次被分离出来是在马来西亚的小镇Nipah,因此而得名。这实际上是个新副黏液病毒,但是它引起的是脑炎的症状。原来怀疑是乙型脑炎,结果发现是一个新的病毒。当地的一种蝙蝠是该病毒的原宿主,猪是中间寄主。这种病也有着相当高的病死率。当时在马来西亚,251人发病,105人死亡。

还有禽流感病毒也是近年来发现的,它是一种在鸭子中传播的流感病毒,鸭子又把这种病毒传给鸡,人接触了带有这种病毒的鸡之后受到感染。它也有一定的病死率。目前尚未发现有人传人的情况。

新的病毒病最近30多年来不断地出现,这对人类是一个严重的警告,要充分重视。

问:为什么会出现新的病毒病?

毛江森:每种新的病毒病可能都有它不同的发生机制。但其中有一个原因可能是共同的,那就是这个病毒可能早就存在,只不过没有传给人,没有在人之间流行,而是在动物间传播。比如说埃博拉,全身性坏死性出血热,它本来是在猴子间传播的,偶然的机会有人进入丛林,去捕杀动物,就传给这个人了,然后它就开始在人群中传播。这一点是很严重的。这些病毒病原来在动物里传播的时候症状等各方面表现都很轻,但是传到了人的身上就有很高的病死率。比如黄热病,原来它是在蚊子和猴之间传播的,但是在偶然的情况下,人进入了丛林,被带有这种病毒的蚊子叮咬

了以后,黄热病就开始在人之间传播了。这实际上是一种生态循环的改变。另外一个原因是病毒的变异。像流感大流行的形成,就是因为它是一个变异病毒,与原有的流感病毒相比有较大的变异。老的病毒传染给人之后,人已经产生抵抗力了。但是这个抵抗力对新的变异病毒毫无作用,所以它开始了大的流行。估计这次"非典"两种情况都有,生态循环的改变使得它由动物传给人,同时也不排除有病毒的变异。

问: 为什么动物可以携带这些病毒安然无恙地生活,而人类却不行?

毛江森: 这其中的原因现在只能推测。我们可以把病毒分为一个个的家族,每个家族里还有各个成员。比如说整个人体的病毒,可能有十几个大的家族。而从医学的角度来说,在比较短的时间之内出现一个全新的病毒家族,这种可能性很小。为什么动物就可以携带着这些病毒安然无恙地生活?我们知道病毒是出现在一个很古老的时代,估计引起人类新的病毒病的这些病毒在动物身上已经生存了千百万年了。这些病毒和它的宿主也就是动物长期共存以后,互相妥协,互相耐受。因为如果这个病毒很厉害,厉害到把它的宿主也消灭掉的话,这个病毒基因也传不下去。病毒基因之所以能够传下去,它的条件就是与宿主共存。有个理论叫互相耐受,就是这个道理。为什么这些病毒在动物也就是老的宿主身上,它表现的症状很轻,甚至不发病,而一旦传到了一个新的宿主——人身上,它的致死率就非常高了,这个相互耐受不耐受就是其中最大的原因。

问: 在若干年以后,我们人是否会对新的病毒产生耐受?

毛江森: 流行时间长了,发病率、病死率会降低的。但这不是几代就能解决的问题,需要很漫长的时间。

问:有什么方法来阻止新病毒病的出现?

毛江森:总的来讲这个问题是这样的。人实际上是生活在病毒的包围中的。任何生物都有它的病毒,没有哪种生物是没有它的家庭的病毒的。连细菌也有它的病毒,叫噬菌体。人,处在所有的这些人类的病毒、动物的病毒、植物的病毒、细菌的病毒等的包围圈里。病毒是无孔不入的,它的数量比人要多得多。所以你要想特意地去消灭一种病毒是一件很不容易的事。我们应该学会的是怎样更好地跟病毒共处,怎样去避开这些可能有害的病毒。其中的一个办法就是跟动物保持距离。因为你不知道这些动物的身上到底带有什么病毒,所以跟它接触要非常非常小心。近30多年来新的病毒病出现这么严重,相当一部分都是由动物,比如野生动物,或者是饲养的家禽传染给人类的。所以我建议人与动物,特别是野生动物要保持一定的距离。你要去辨别环境中这么多病毒哪些有害,哪些会感染人,会在人群里传播,这个监控技术很难。而你去捕杀、去运输、去加工,然后提供给餐饮业,这是一个很危险的途径。要杜绝这个途径应该说人类是能够做到的。从另外一个角度来说,我们人类应该善待自然,善待这些和我们平等共处的动物。

问:引起SARS的是什么病毒?

毛江森:SARS病毒的归类归在冠状病毒的族。这个病毒不是一个新的病毒,在"非典"之前就已经被发现了。这个病毒的结构当时也是清楚的。它中间是一个核酸链,是单链的RNA核酸,没有什么特别的。外面有

一层该病毒插在脂肪膜上的蛋白,像大头针一样。这个病毒整个看上去像顶皇冠,所以当时就根据它的形态来确定它的名字,就叫作冠状病毒。这个病毒当时被发现的时候并没有引起太大的注意,虽然认为它可能是一个肺炎病毒,但多半只当作一种呼吸道病毒,认为10%的感冒是由它引起的,所以长期没有得到研究和重视,也没有特别地从预防学的角度来研究它。而这次出现的是冠状病毒的一个新的株,它引起了相当高的病死率和传染性,这确实是一件非常令人吃惊的事。

问: 目前我们对SARS这种新的病毒性疾病的了解到了怎样一个程度?

毛江森: 这个病毒的整体结构基本上是搞清楚了,基因也搞清楚了,传播途径也搞清楚了。主要是飞沫呼吸传播。这种传播的效率是非常高的。是不是存在其他的传播途径,现在还在研究。这个病毒的致病性主要是引起肺部严重的病理反应。它在肺部感染以后很快就引起大量水肿,大量地渗出,这是非常特殊的,不像由病毒直接破坏所致,很像免疫病理反应。关于这个病毒的抵抗力虽然没有很多的实验和研究,但是估计它和其他病毒比较,是处在一个中等的水平,对外界的抵抗力不是很强也不是很弱。通过这次流行,我们对这种病毒的性质的认识是比过去深刻多了。

问: 是不是每一种病毒都会选择人体的某一个靶器官进行侵犯呢?

毛江森: 是的。几乎所有的病毒都有它特定的靶器官。比如说肝炎,甲型肝炎病毒侵犯肝细胞,乙型肝炎病毒也侵犯肝细胞,脊髓灰质炎病毒侵犯脊髓神经细胞,脑炎病毒侵犯脑细胞。它们都有固定的靶器官。

问：人体被SARS病毒侵犯后为什么会有发热、咳嗽的症状呢？

毛江森：对人体而言病毒是一种异蛋白。进入人体以后，病毒繁殖，也就是大量的异蛋白进入了人体，这样就使人体有发热等反应。其实这也是人的机体与它对抗的一种过程，一种表现。

问：病人的血液是不是也有可能成为"非典"的传播途径呢？

毛江森：现在我只能根据一般病毒学的知识来判断。我认为很可能发病早期的带病毒的血液是会有传染性的，这个大家还是要注意的。而估计恢复期不会有传染性。但是这个早期和恢复期之间的时间段到底应该怎么划分，那要通过临床观察和实验室研究来判定。

问：目前我们遏止SARS病毒蔓延的最有效的措施是什么呢？

毛江森：一个新的病毒出来，我们的特异性措施往往是很难跟上的，这个历史可以证明。像马来西亚，新的病毒病尼帕出来，现在知道，它是一个副黏液病毒，但是当时怀疑猪是病毒主要宿主或传播媒介，就大量杀猪，只能采取这些措施。那么现在对新的病毒病采用的隔离这个措施，虽然是个很古老的办法，但也是目前最有效的办法。我相信这个办法如果能够真正坚持下去，像我们浙江现在做的那样，这个病是完全可以控制的。你要说这个病我们要消灭它，那还差得很远，但是我们现在可以控制它。现在采用的这个隔离防护的措施是相当有必要和有效的。但是隔离的前提是要"报"，要早发现，早上报，如实上报，这样才能做到早隔离，隔离的效果就会显现出来。我估计我们浙江这样的措施坚持下去，很快就可以看到它显著的隔离效果。

问：您对现在的消毒工作有什么看法？有没有必要每天这样大剂量地消毒？

毛江森：有时候我们采取消毒等这些积极的措施也是好的。一般来说，强还原剂和强氧化剂对病毒是有杀灭作用的。比如说含氯的消毒剂，以及高锰酸钾等，是常用的病毒消毒剂。除此以外，紫外线对各种病毒，不管是新的病毒还是老的病毒，不管是RNA病毒还是DNA病毒统统有效。应该说对一些公共场合，比如夜间没有人员的一些场合，特别是医院里的一些高危险区，如急诊室等地方，用紫外线进行夜间的长期消毒，它的效果可能会非常好。用紫外线进行空气消毒的效果要比喷洒消毒液好，因为它是长期的照射，覆盖面广，作用持续时间长。

问：普通市民的家里需不需要进行消毒？

毛江森：这个要取决于你的环境，包括大环境，也包括小环境。如果说你的环境是高度危险的，比如与"非典"病人有明显的接触史，那需要进行消毒。但比如说像杭州这样的发病数，只有3例，隔离措施也很严格，如果没有明显接触史的话，就没有必要进行这样大规模的消毒。

问：疫苗对于病毒性疾病起到了怎样的一个作用呢？

毛江森：历史证明疫苗是防治病毒病最有效的武器，甚至于可以消灭一种病毒。比如天花，这么严重的一种病毒病，就是靠疫苗把它消灭的。至于"非典"，从现在的知识来看，这个病毒的结构清楚了，基因组也清楚了，它的传播途径也基本上清楚了，其他的一些相关内容也很快就能搞清楚。这些基础都有利于疫苗的发展。唯一不清楚的是它的发病和免疫机制。这个对发展疫苗是至关重要的,但我相信也会搞清楚的。

问: 对于"非典"来说,我们也有可能研制出疫苗,这个时间大概会是多长?

毛江森: 现在,各个国家包括我们中国也在积极地探索、研究"非典"疫苗。但是研究疫苗是一件非常严肃的事情,一定要在一个高度科学和科学管理的基础上。所以到底什么时候能研究成功,这个很难说,短期内不能下这样的结论。疫苗最重要的是安全。疫苗是给正常人用的,对安全性的要求非常高。国家药品监督管理部门有非常严格的按部就班的措施来管理。另外,现在大家都在尝试分离病毒、搞疫苗等,这个积极性是非常好的。但是病毒材料的管理要按照国家的有关规定进行。有硬件方面的要求,又有软件管理方面的要求。病毒采样一旦从实验室泄漏会造成严重的后果,尤其像"非典"这样一个急性传染病,更应该在国家的有关管理规定下进行规范的操作。

问: 您认为对于"非典"这种新的病毒性疾病,我们人类与它的斗争是否还将持续很长时间?最终的结果将会怎样呢?

毛江森: 我们要控制一个疾病,只要我们全世界能够采取十分积极的态度去面对它,我想还是完全有可能的。至于能不能消灭它,那要看很多的条件。特别是看它在动物宿主里的状态,这一点对于病毒病的控制和消灭十分重要。

(摘自《两院院士谈健康》,2003年4月29日)

毛江森院士追忆名师

中科院院士、著名病毒学家、浙江省医学科学院名誉院长毛江森，1956年毕业于上海第一医学院。20世纪90年代，他曾捐赠100多万元在母校创立优秀教师奖，在校内外传为佳话。为征集校史资料，4月5日上午9点，我们校史研究室的三位同学在浙江省医学科学院见到了毛江森院士。毛江森院士现年已70岁了，两鬓已见斑白，但脸色红润，精神饱满。

毛院士深情地回忆起当年在母校的学习生活，感慨地说："老师们治学严谨，身体力行，为我们树立了榜样。"随后，他娓娓道来地给我们讲了几位上医大名师的小故事。

林兆耆教授是上医的名教授，他身上有着四个第一，即第一届毕业生、毕业时成绩第一、拿到第一张上医毕业证、在上海第一医学院工作，另外还成了一级教授。而且他有着高尚的医德，一点也没有名医的架子，为人处世总是能为他人着想，全心全意为病人服务。记得有一次林教授带毛江森等学生一起查病房时，正值天寒地冻，林教授将双手搓了又搓，直至手心发热，不会给人感觉手掌冰凉，才去给病妇做腹部检查。这件事深深地印在毛院士脑海中，对病人关心体贴、能为他人着想的林教授也就成了毛院士日后工作和处世的榜样。名教授的言传身教，也使上医形成了良好的医德及学风。

中山医院熊汝成教授是泌尿科专家，曾为周恩来诊治疾病，名气也很大，但仍能保持着上医的一贯传统，认真对待每个普通病人，一切为病人着想。记得有一次，一位老年病人来就诊，向熊教授诉说病情，尽管他唠唠叨叨，说了半个多小时，熊教授却一点也没有显得不耐烦，细心询问，耐心听完，再为该病人诊治检查……这使当时在旁边实习的毛江森等学生深为感动。毛江森说："医生职业崇高，救死扶伤，必须有为病人服务的思想，当年母校的良好学风，正体现在名师们细微的言行上，并得以代代相传。我们现在能有些许成就，都是受上医名教授的人格魅力影响和熏陶的结果。"

（颜志渊、顾宝羽）

毛院士赤子心，为家乡多贡献

中科院院士、浙江省医学科学院名誉院长毛江森，情系家乡江山市，乐善好施，培养人才，受到父老乡亲交口称赞。

毛江森院士今年79岁。近几年来，他情系家乡，为江山市做了许多好事。1994年，他出资捐板栗苗10万株，支援家乡开发山区经济。1995年，捐资20万，在江山市清湖镇贺仓村建起了一所"维书小学"，在当时的江山市村级小学属一流；次年，又捐资2万给该小学更换学生课桌和教师办公设施。1997年，捐资家乡3万元，为贺仓村修路，并建了一座方便车辆行人通行的"步丰桥"。1998年，当他了解到"维书小学"屋面渗水时，又多次写信反映情况，督促有关单位及时解决问题。

毛江森十分关心江山市的人才培养。自发明甲肝疫苗成立企业至今，他为家乡培养的专业技术人才足有100多人，既解决了家乡人民的就业问题，又为农村输送了一批人才，使一部分家乡百姓早日步入了小康生活。

平时，家乡有人到杭州求医问病，他也给以热情帮助。江山市清湖镇上坞村一年轻妇女去杭州治病找过他，毛院士虽然与她素不相识，但仍热情招待，医院还以为是他的亲戚呢！毛院士说，自己已入古稀之年，要为江山人民多做贡献。

(摘自《浙江老年报》，2012年10月5日，记者：周光星)

毛江森院士资助新疆少数民族贫困学子

"是毛爷爷的资助才让我圆了攻读硕士研究生的梦想,我感谢毛爷爷,我要用优异的成绩来报答毛爷爷对我的恩情。"讲话的这位同学是毛江森院士资助的学生,名叫阿布都卡德尔。这位来自新疆喀什疏附县农村的维吾尔族小伙子,提及毛江森院士的时候,脸上明显流露着激动而坚定的表情。

在医科大学的校园里,一位院士资助一位维吾尔族普通学子的故事广为流传,已然成为一段校园佳话。

阿布都卡德尔同学在家里四个孩子中排名老三,年幼时父亲因病去世,剩下母亲独自一人支撑整个家庭以及四个孩子的学业。因为沉重的经济负担,阿布都卡德尔的姐妹和弟弟在完成了义务教育阶段后均已辍学。现在,作为家里唯一希望的阿布都卡德尔还在追求理想的道路上艰难前行。尽管阿布都卡德尔在读研期间始终坚持依靠做家教、勤工俭学等途径挣取生活费,但是相对高昂的学费还是让他的大学生活难以为继。

毛江森院士曾受邀参加新疆医科大学"两院院士新医行"活动,在学术报告之余和学生的交流中,得知阿布都卡德尔同学的情况,非常怜爱,毅然表示要资助他完成学业,实现梦想。

毛江森院士不仅给新疆医科大学的学子们带来精彩的学术报告和创新

的学术思想,更带来了无尽的温暖。这份跨越时空、跨越民族的义举和对边疆少数民族的情意,将永远激励新疆医科大学的学子们为新疆的跨越式发展和长治久安不懈努力、不断奉献。

(新疆医科大学供稿)

我国甲肝减毒活疫苗疗效国际领先

复旦大学公共卫生学院流行病教研室承担的国家"九五"攻关课题——《规范性甲型肝炎减毒活疫苗现场效果考核》日前通过卫生部专家组鉴定，认为我国首创的甲肝减毒活疫苗具有很好的安全性、免疫原性和保护效果，其抗体阳转率达90%以上，保护率高达95%，疗效达国际先进水平。

甲肝减毒活疫苗是由我国两位科学家毛江森与胡孟冬首创的，于1992年正式应用于人体后，课题组即对甲肝减毒活疫苗的保护效果、免疫原性、抗体持久性等多方面进行评价。课题组通过200多名工作人员的集体协作，应用实验流行病学、免疫学及应用教学的原理和技术，对上海、河北、广西3个省、市、自治区的19个县市共46万名儿童进行了疫苗效果的考核和评价。研究人员采用个体随机与整群随机分组的方法，对甲肝减毒活疫苗的H株与LA-1株进行了现场试验。试验结果发现，在222728名对照组儿童中发现并确诊115例甲肝病例，接种组234523名儿童中仅发现3例，有效率高达97%。在个体随机分组的试验中，H株与LA-1株疫苗保护率均为95%。结果表明国产甲肝减毒活疫苗保护效果与进口甲肝灭活疫苗保护效果（92%）相似。同时，课题组通过将4000名经筛选甲肝抗体为阴性的易感者随机分入活疫苗组与对照组，经过3年的进一步观察，两组甲肝隐性感染率均在2%~4%之间，无明显区别。由此可见，接种活疫苗后

可通过隐性感染获得稳固的免疫力,免除成年后再感染甲肝时患临床肝炎的危险性,因而可用于儿童常规免疫,此为进口灭活甲肝疫苗所不及。

另外,课题组对甲肝高发区117名新生儿定期随访,发现母传甲肝抗体阳性率由出生时的97%下降至16月龄的3%。课题组又对54名2~4月龄的婴儿接种甲肝活疫苗,3年后发现母传抗体消失,母亲甲肝抗体滴度愈高,婴儿免疫成功率愈低。由此得出,母传抗体将干扰活疫苗免疫,因此18月龄以下的儿童不宜接种甲肝活疫苗。课题组还建立了数学模型来预测甲肝的流行。据文献检索,上述成果均属国内外首创。

(摘自《健康报》,2001年9月6日,记者:钱海红)

与"魔鬼"打交道的人
——记"6·26"赴甘医疗队员、中国科学院院士毛江森

尽管与毛江森相识已有十多年了,但前不久第一次走访他家时,还是让我感到"意外"。这位与中国最可怕的传染病"较量"了几十年的医学研究者,在家中就像一位老父亲一样显得慈爱和宽容。他坐在沙发上,听着老伴在钢琴上弹奏刚学的乐曲,说道:"即使是'弹棉花'我也爱听,我这一生给她的时间太少了。"

头发已经花白的毛江森,却回忆不起一件完整的"家庭事件"。但是提起人们闻之色变的病毒则如数家珍:脊髓灰质炎、乙型脑炎、麻疹、甲肝和乙肝……这一系列"魔鬼"曾使无数的家庭陷入痛苦和困顿。

1988年甲肝大流行,上海、江浙一带人们几乎到了足不敢出户的地步。因为该病源于"病从口入",为此无数餐馆纷纷倒闭,医院则家家病床爆满,成批的病人不得不睡在走廊上……此后不久,毛江森主持的甲肝疫苗研究取得了突破性进展,当注射了疫苗的人们可以无忧地与人交往时,当一度大规模流行我国的甲肝终于得到控制时,疲惫不堪的毛江森,脸上露出了欣慰的笑容。

所有的艰辛都被淡忘了……毛江森老伴说:"每天他在单位里精神十足,而一到家,就躺倒在床上,连话也不想多说。"从不惑之年开始日日

夜夜投入甲肝疫苗研究的毛江森几乎没有在家中待上完整的一天。而仅仅是课题的前期准备工作他就用了大半年时间。他深入杭、宁、绍农村，对甲肝病人挨家挨户地调查。

回顾20年的历程，其中艰辛难以诉说。他至今也无法忘记曾经那些收集粪便的岁月。那时，每天早晨，他上班的第一件事就是到郊区农民家和医院去收集甲肝（黄疸性肝炎）病人的粪便，一小包一小包装入塑料袋，带回实验室研究。据估算，总共收集的粪便可装满两只大冰箱，这也为研制甲肝减毒活疫苗打下了坚实的基础。通过注射疫苗固然可以预防许多疾病，但人们健康水平的提高更多地要依赖于良好的生活卫生习惯。毛江森说："在生命科学中有许多伪科学，害人不浅。我们有责任揭穿它的谎言，同时教给人们正确、科学的方法。"凭着这种责任心，毛江森逢人便要不离本行地灌输预防的重要性。他说：如果生了一种病，要花一百元才能治好，疫苗预防可能只要几元，而改变原有的不良生活习惯，不花一分钱就可以获得健康，这不论是对个人还是对国家都是有利的。近年来不断上涨的医药费支出已成为我国经济发展的包袱，医学工作者为国家解忧，除了拿出更多的科学成果，还要从小事做起，给大众"科普"。毛江森提出了控制疾病的四种有效途径：一是改善环境；二是建立科学的生活方式；三是医学干预，研制疫苗；四是临床治疗。他呼吁要更多关注生命的质量，找出适合我国国情、价廉而效高的疾病预防方法和中草药等。

依托甲肝减毒活疫苗的开发，浙江普康公司如今总资产已有1.8亿元。根据今年省政府批复同意的《浙江省医学科学院普康生物技术公司改制实施方案》，甲肝疫苗的发明者毛江森院士在改制后的公司中获得2033.1万元股份。在众多的院士中，毛江森的"身价"可能算高的了。

面对这一纸上富贵,毛江森十分坦然。他说看一个人的价值不是看他谋取了多少财富,而是为社会做出了多少贡献。

这位"身价"甚高的科学家,每天上班总是随便地套一件深色夹克,脚穿一双藏青色老头鞋,似乎就在无言地告诉人们,他对物质的要求是很低的。他说:"我是一名老知识分子,当年攻下这个难关时,只是单纯地想,科学家的研究成果出来了,交出去了,就可以了。从没想过要靠这个赚钱,现在也不是这么想。"

"对科学家来说,实验室是最有乐趣的地方,而不是商场。"

"美国有两位科学家,一位把发明的疫苗投入到公司运作上去,赚了数亿美元,也留给后世一个很著名的研究所;另一位把发明的疫苗到处送,送给苏联,送到中国,当然可以想见,他的生活条件并没有因为这一伟大的发明而改变什么,但他的心灵一定从中得到了乐趣。"

每天毛江森上下班的必经之路上有一行字还光鲜如20年前,那就是"为消灭甲肝而奋斗"。1978年他决意攻克甲肝而立下的誓言,如今已变成了他一生的执着。

[摘自《历史不会忘记(二)》,甘肃省卫生厅,2012年2月]

浙江10年观察证实，甲肝疫苗保护率达100%

由浙江省医学科学院完成的《甲肝减毒活疫苗（H_2株）9～10年流行病学效果总结》，日前通过由浙江省科委主持的专家鉴定。这项观察研究证实，甲肝疫苗保护效果优良，凡接种疫苗者，免疫后9～10年未见发病，在试点区10年内未发生甲肝流行。

浙江省医学科学院科研人员从1978年起在国内率先开展甲肝疫苗的研制，先后被列入国家重大科技攻关项目。1992年浙江省医学科学院普康生物技术公司被批准准字号生产，至今已在全国接种6000万人份。为了观察在甲肝高发县区用甲肝疫苗大面积接种的保护效果，从1990年开始，该院选择浙江省嵊泗县和台州市椒江区开展长期研究。嵊泗县近十年来累计接种2.4万余人，对1～15岁年龄组及重点行业人群普及接种，椒江区则对1～15岁年龄组普及接种。结果证实，所有甲肝疫苗接种者无一例发病，疫苗保护率达到100%，两地甲肝发病率大幅度下降。嵊泗县1997、1998两年各只发生一例甲肝病例，为非疫苗接种者，第一次在甲肝高发县达到了消除甲肝流行的目的。椒江区自1994年至今连续6年在1～15岁年龄组没有发生甲肝病例，第一次在甲肝高发年龄组实现了消除甲肝发生的目标。

（摘自《健康报》，2000年1月12日，记者：宋九如）

一剂次甲型肝炎减毒活疫苗（H_2株）接种后的免疫记忆反应
——17年的随访观察结果

最近，复旦大学上海医学院汪萱怡教授在国际权威性杂志（*Vaccine*，英国）发表他研究甲肝活疫苗（H_2株）长达17年的免疫学效果和安全性，证明甲肝活疫苗十分安全和十分持久的免疫学效果。

甲型肝炎是由HAV引起的急性传染病，主要经由人人接触的粪–口途径进行传播。自1992年成功推广使用甲型肝炎减毒活疫苗（甲肝疫苗）以来，我国HAV感染和发病数都已显著下降。过去的20年，中国已从甲型肝炎的高发区转成低发区。甲型肝炎发病率从1991年的56/10万，下降到2007年的6/10万及2014年的2/10万。这与甲肝疫苗的广泛应用密切相关。

随着甲型肝炎发病率的下降，一个值得关注的问题是随着疫苗免疫抗体水平的逐渐下降以及缺乏自然接触的病例，将来是否会存在甲型肝炎暴发的风险。临床资料提示接种甲肝疫苗后，即使没有检测到抗体，但由于免疫T细胞和B细胞的存在，再次激发的免疫记忆反应持久存在，可能维持终生。复旦大学生物医学研究所、卫生部医学分子病毒学重点实验室汪萱怡教授团队的早期研究已经证实接种一剂次甲肝减毒活疫苗后8年，疫

苗接种者仍能保持较高及持久的抗体水平。该团队近期发表在 *Vaccine* 上的一项研究评估了接种一剂次甲肝疫苗后 17 年的免疫记忆反应。

该研究选取的 47 名随访长达 17 年之久的接种者来源于 1996~1999 年入选随机长期队列研究中的人群,该队列入组 3515 名 HAV 易感儿童,年龄 1~12 岁,接种的甲型肝炎减毒活疫苗（H_2 株）为浙江普康生物技术股份有限公司产品,滴度 7.0 $TCID_{50}$。此次研究对这 47 名接种者进行甲肝疫苗加强免疫,并检测免疫记忆反应。研究对象于接种前及接种后两周采集血样,血清抗体检测采用 ELISA 法,记忆 B 细胞和 T 细胞检测采用 ELISPOT 法及流式细胞仪分析。

结果显示：

（1）入组的 47 名长期随访接种者在性别、年龄、血清抗体阳转率等与 31 名二剂次接种者差异无统计学意义。再次接种甲肝疫苗后,两组抗体均显著升高,阳转率达 94%,几何平均滴度达 661.3~1832.1 mIU/ml。

（2）记忆 B 细胞持久性。由 HAV-抗原刺激的 IgG 分泌型细胞数量明显升高；特异性记忆 B 细胞在再次受到甲型肝炎抗原刺激时,血清中抗甲型肝炎抗体呈典型的记忆性反应,17 年随访的抗体阳性者几何平均滴度从再次接种前的 65 mIU/ml 升高到 1832 mIU/ml,抗体阴性组从 8 mIU/ml 升高到 663 mIU/ml。

（3）记忆 T 细胞的持久性。检测由 T 细胞表达的 CD8Tm 和 CD4Tm 的 IFN-γ、IL-2、IFN-γ/IL-2 比,甲型肝炎抗原刺激组均显著高于无抗原刺激组,差异有统计学意义。

本次研究证明,甲型肝炎疫苗有持久的免疫性,包括抗体的持久性和持久的免疫记忆反应。

Chen Y, Zhou C L, Zhang X J, et al. Immune memory at 17 years of follow-up of a single dose of live attenuated hepatitis A vaccine [J]. Vaccine, 2018, 36 (1): 114-121. DOI:10.1016/j.vaccine.2017.11.036.

总结：接种一剂次甲型肝炎减毒活疫苗显示了非常好的B细胞和T细胞免疫记忆反应，同时显示了长期的保护作用。用疫苗成功消灭（消除）天花和脊髓灰质炎的经验说明在国家层面和全球层面消灭（消除）甲型肝炎的可能性。目前在中国达到消除甲型肝炎的目标是可行的，这些标准包括生物学上的可行性（有效的疫苗能提供终生的保护）、不断提高的卫生水平、充足的卫生建设和设施、充足的资金和政策的保护。另外，由于缺乏动物保留宿主，人是自然界唯一的宿主。鉴于此，我们的研究结果进一步支持在中国大规模使用甲肝减毒活疫苗消除甲肝的可行性。考虑到有限的卫生资源，在中国消除甲型肝炎也许是，继消除脊髓灰质炎后，可能达到的一个目标。

（摘自《国际流行病学传染病学杂志》，2018年6月第45卷第3期）

求知欲成就了事业

无论处于什么样的环境，只要有强烈的求知欲，刻苦学习，心中充满阳光，世界就会很精彩。——毛江森

垂髫之年：良好的家教

毛江森院士是著名的病毒学家。他长期从事病毒学和甲肝病毒及疫苗的研究，是控制中国甲肝横行的功臣。从毛江森院士的成长经历中可以看出，他的成功与他严谨治学、精于思考的科学发展观是分不开的。

1933年，毛江森出生于江山清湖镇的一个小山村。江山地处浙江西部，山多地少，中华人民共和国成立前，当地生产力极其落后，人们生活贫困。毛江森的父母以务农为生，识字不多，希望儿子能读好书。5岁时，毛江森便上了本村小学。父母殷殷的嘱咐和训导他至今还记得。

每天放学回家，母亲都很习惯地要求他把当天学的语文课文背给她听。母亲一边洗衣服一边听他背诵课文。毛江森也不知道母亲是否真的在听，但他还是很认真地背完所学的课文。

毛江森没有辜负父母的良苦用心，他学习刻苦努力，成绩优异，所有功课中他酷爱数学，数学考试成绩经常是全班第一。

小学四年级时他转到离家5公里的镇上学校就读，每星期回家一趟，

带粮带菜翻山越岭。偏僻的山区经常会有豺狗之类的野兽出没，每次回校姐姐都不放心要陪他一程。他至今还清晰地记得，姐姐站在大树下遥望着，等他翻过一座山岭才肯离开。

农村的无医无药使毛家遭受了一次又一次的打击，毛江森小时体弱多病，家里人也常受到病痛的折磨，弟弟夭折，姐姐也经常生病。母亲对他的病的"医治"也只能寄希望于所谓的"招魂术"和采一点草根树皮当药。

算命先生说他命里缺木，于是拜了村口的大樟树为干爹并且把名字改为"樟森"，后来因为笔画太多而改成现在的"江森"。父母的心愿无非希望孩子能够健康成长。

家庭的艰辛、父母的鼓励和教诲时时激励着他刻苦学习，保持强烈的求知欲望。

那时候正值战争时期，社会很动荡，但这并没有动摇毛江森走出大山的决心。1949年，勤奋好学的毛江森终于有了回报——考入了学子们梦寐以求的好学校——浙江省立杭州高级中学。

志学之年：名校的培养

16岁的毛江森离开江山来到杭州就读于省立杭州高级中学。

上中学之前，毛江森就对数学等课程很感兴趣，此时他的兴趣更浓了。他常常解数学题直到深夜，且他的数学成绩出类拔萃。学校每个星期都会测验数学，一共测验11道题，其中一道是附加题，如果有人解出来那么总分就是110分，没有人解出来则总分为100分。毛江森经常是属于让

大家"讨厌"的那种人,因为他往往会正确解答出那道附加题。

省立杭州高级中学,学风严谨,老师精于教学、勤于育人,同学们不仅打下了扎实的基础,而且许多人在此立志,走上为祖国奉献一生的道路。这所学校出了35名院士,很多学生在各个行业成为专家、学者,这在全国都是罕见的,毛江森一直以毕业于杭州高级中学而自豪。

1951年,高校招生,毛江森以同等学力报名参加高考,原本他想继续自己的兴趣爱好报考数学专业,但是父母的来信改变了他的选择。信里说:"你从小体弱多病,把你带大实属不易,你还是学医吧。"

个人的爱好虽然重要,但父母的愿望更切合实际。于是他放弃了报考数学专业的念头,选择了医学。

报考哪个学校是到报名现场才决定的。在高考报名点,一位工作人员了解到他想学医之后就告诉他,国立上海医学院是全国之最。毛江森就把国立上海医学院作为第一志愿,也是唯一的志愿。这位工作人员提醒他:上海医学院是全国著名的院校,入学条件高,应该多填些学校"以防后患"。他当时也想,报考这所学校的考生都是来自全国各地的高才生,且大多具有专业背景,竞争比较激烈。但他转而一想,自己高中在读还有半年才毕业,即使这次考不取还可回校再学,于是他就选择这个学校作为唯一的志愿。命运没有辜负他的勤奋和好学,他如愿以偿地进入了上海医学院。

弱冠之年:良师的熏陶

1951年毛江森来到上海医学院,求学6年,他把人生最美好的年华都用在了学习上，学到了丰富的医学知识和救死扶伤的医学人文精神，这些成为他一生中宝贵的财富。

当时，上海医学院有五大附属医院，堪称全国第一。有一大批医德高尚、学术一流、治学严谨的名教授，其中一级教授有16名。

国立上海医学院一直倡导公医制精神，医院的名医个人对外是不开业的，更加没有"走穴"这种说法，这种社会主义公医理念深深地影响着毛江森的人生观。毛江森说："这种精神在今天也具有现实意义。"

在毛江森的眼里，上医的各位名教授都是他一生的榜样。教授每次查房，对病人嘘寒问暖，从病情的变化到生活起居都关怀备至，真正把病人作为亲人来对待。

有两件事回想起来至今还令毛江森深深感动着：

毛江森曾有机会跟随内科林兆耆教授去查房。当时正值隆冬，房内特别冷，林教授在病床前细心地听取病人诉说。学生们以为教授问清病情后就要做腹部检查了，可是林教授的双手不停地搓着，搓了很久，直到感觉双手热了，才小心地掀开病人的被子进行腹部检查，并体贴地问病人冷不冷。

还有就是泌尿外科的熊汝成教授，他同样以病人为中心。有一位病人看到熊教授来查房，既高兴又激动，所以话语很多，可以说啰唆了好一阵子。学生们站得腿都麻了，但熊教授还是面带微笑，身体前倾，一动不动地仔细倾听，没有插话，直到病人诉说完才开始检查。

这些点点滴滴触动人心的小事贯穿于毛江森在上海医学院6年的学习光阴中。尽管他最终没有成为拿听诊器的医生，但是导师严谨的工作态度和作风一直影响着他，鞭策着他。

而立之年：探索之沉浮

毕业后，毛江森来到了中国医学科学院病毒学系，开始了他的医学研究工作。当时的病毒学在中国是一门新兴学科，毛江森对这一学科产生了浓厚的兴趣。他对科学孜孜不倦的探索与追求促使他在这一领域取得了许多研究成果。

1964年，毛江森31岁，他到中国医学科学院基础医学所生物化学系进修，导师是著名的酶学专家李士谔教授。同时他还在北师大旁听物理化学课。当时，有一位美籍华裔科学家在美国著名的杂志上发表了几篇论文，说他分离出的RNA可以诱导多种具有生物活性的大分子的生物生成，这些分析结果使当时的科学界十分震惊。在李教授的指导下，毛江森也做了相似的研究，但是研究了相当长的一段时间之后他发现论文所述的研究具有不可重复性，也就是含有虚假性。后来，美国的许多实验室也相继发现了这项研究不可靠。毛江森等人是以实验揭穿这一科学泡沫的首批科学家。

在此期间，毛江森撰写了《病毒感染细胞的机理》一文，这篇论文指出"遗传信息也有可能从RNA传给DNA"，也就是说遗传信息可以进行逆转录，这个认识在后来被证明是诺贝尔奖的命题。毛江森是当时国际上认识到信息有可能逆转录的极少数科学家之一。

30岁的年轻人在科学界可谓是"初生牛犊"，但他并不一味地迷信科学界的权威，他敢于"大胆设想，小心求证"，如果不是"文化大革命"的来临，毛江森对病毒学的贡献是难以估量的。1970年，当毛江森的事业正蒸蒸日上的时候，他不得不带着全家远赴甘肃。

到了甘肃，毛江森的所有研究都中断了，他只是当地一名普通的赤脚医生。尽管远离了病毒学研究，但是上海医学院所培养的医学人文精神时刻影响着他，而且当地人的贫穷不由得使他联想到自己家乡的生活境况。虽然条件艰苦，但他深深地爱着这片贫瘠的土地，爱着纯朴善良的人们。

尽管远离实验室不能够继续自己的研究，但是当地百姓朴素而炽热的感情一直打动着他，弥补着他因研究中断而带来的失落。老百姓也许不明白"英雄莫问出处，落难莫问缘由"这句话，他们也从来不打听这些"修正主义代表人物"为什么会来到这个穷山沟，只是用自己最大的热忱来招待这些治病救人的医生。

尽管老百姓家里可能穷得揭不开锅，但是他们对于这些最受尊敬的人从不吝啬。在那里，教书的先生、看病的医生、看风水的先生是最受优待的三种人，因为他们认为这些人都是生活中最有知识、最有用的人。在农村，毛江森曾经冒着很大的风险对当地许多婴儿的不明死因进行调查，并勇敢地指出这是由于哺乳妇女吃返销粮食物中毒所致，使得婴儿意外致死的情况及时得到制止，挽救了全县数百名婴儿的生命。

天命之年：成就之突现

谈到机遇，毛江森一直觉得自己很幸运，能够赶上改革开放的新时代、新政策。他也常常为导师们、前辈们没有赶上这么好的机遇而感叹、痛心。

1978年，毛江森从甘肃调到浙江省医学科学院，酷爱病毒学研究的他如久旱逢甘霖。虽然改革开放初期百废待兴，实验条件不是很理想，但毛江森毕竟有了自己的用武之地，他可以为自己的课题努力一番了。

在毛江森看来,做研究务实最重要。研究成果要有其实用性,科学必须为大众服务才能体现出价值。医学研究更应该以解决人民大众的疾苦为目的,而不是华而不实的表面文章。

于是,毛江森花了半年时间调查浙江省什么病毒病最为严重。在此期间他发现甲肝的猖獗,有的自然村里有42%的人发病,他亲眼看见有的家庭一家五口同时发病,全家躺在床上,整个家处于瘫痪状态。这样的情景深深触动着他。就这样,毛江森开始了甲肝病毒研究的课题。

要进行甲肝病毒研究就必须收集病人的粪便,这项工作在很多人看来不应该是像他这样一个高级知识分子亲自去做的,但是他很执着地收集病人的粪便。毛江森每天都要挤公共汽车到农村把粪便收集回来,存入实验室冰箱。他带着粪便坐在公共汽车上,常常引起乘客的不满,可是他从未想过放弃。到最后,他收集了两大冰箱病人的粪便。

经过12年持续的研究,毛江森从病人粪便中分离出了甲肝病毒,最终培育出了甲肝减毒活疫苗。现在,毛江森培育的甲肝疫苗已使用近20年,这使我国甲肝发病率明显下降,从此摆脱了甲肝严重流行的局面。他的疫苗还得到了印度政府的认可,出口印度后开始大规模地使用,这是中国第一个正式出口的疫苗。

古稀之年:传授之精神

现在的毛江森院士已是古稀之年,头发花白但精神矍铄。在谈到他个人成功经验的时候,毛院士说:"人是要受点苦的,了解什么叫苦对一个人很重要。"

做研究工作不仅要刻苦，而且要有强烈的求知欲望。他说："一个人的可塑性是很强的，不管承受多大的压力，强烈的求知欲望比兴趣更重要，只有强烈的求知欲望没有动摇，才能做出一点成绩……"正是有了这种强烈的求知欲望，虽然命运几次改变了他的兴趣和人生轨迹，但他的求知欲望使他冲破了一次次阻碍，战胜了一个个困难，从而在成功的道路上迈出了坚实的一步，为人类战胜甲肝做出了巨大的贡献。

现在的毛江森院士在担任浙江省医学科学院名誉院长的同时，还兼任生产甲肝疫苗的普康公司的董事长。公司的业绩蒸蒸日上，但是毛江森院士始终不把这个归为自己的成绩，而是归功于党和政府的帮助。因为要求公司转制的政策使更多的科学研究转化为对百姓有用的成果，让更多的科学家有了开发研究的空间。

毛院士现在依然在做着研究，同时带领自己的研究队伍攀登新的科学高峰。他相信只有用科学的方法才能切实解决百姓的需求，而他也在这么做着。

他很感谢他曾就读的杭州高级中学和国立上海医学院，感谢一直支持他的政府部门以及领导和普通民众。

（摘自《成长的足迹》，王旻主编. 杭州：浙江人民出版社，2008.

本文作者：焦峰华、王利坚）

做什么，不做什么

思维特色形成背景

1933年1月，我出生在浙江江山一个农民家庭，家境贫困。父母以务农为生，识字不多，希望我多读书。5岁时我就上了本村小学。儿时的学习经历常常是最难忘的，对我有很深的影响。记得每天放学回家我都要把当天的语文课文背给母亲听，算术考试成绩往往是全班最好的，老师常叫我代他发考卷。小学四年级时，我转到离家5公里的镇里住校上学，生活条件十分艰苦。我的学习成绩一直很好，身体却很差，体育课被"亮过红牌"，只是校长看我学习成绩好，没有让我留级，得以读完小学。

1949年我考入浙江省立杭州高级中学，这是一所有名的高中，入学考试严格，学风严谨，当时物理、化学和生物都有实验。老师们精于教学，勤于育人；同学们不仅打下了基础教育的扎实功底，而且许多人在此立志，走上了奉献之路。只是教师们大都生活清苦，同学们大都家境清寒，生活常难以为继，但学习成绩大都优良。大伙曾去富阳开荒种白薯，叫作勤工俭学。

1951年，全班同学都以同等学力考取了高等学府。在中学期间，我最有兴趣的是数学和物理，解数学题至深夜是一种乐趣；其次，对历史、地理也十分感兴趣，但是写作文常常是我的一种负担，感觉不得要领。虽然数学和物理常常使我入迷，但是，高中毕业后我没有选择数理专业，而是考入了上海医学院。家乡的无医无药，家人及自己的病痛经历可能是促使我选择学医的原因之一。上海医学院是一所学习风气十分浓厚的学校，大家都很用功，抢占图书馆内有限的位子成为每天晚饭后的一件必须关注的事。我在校时对生物化学及内科神经学等很有兴趣，学得不错，但是微生物学科成绩平平。

毕业后，我被分配在中国医学科学院，到当时的病毒学系从事科研工作。事实上，我最终从事的既非我曾经入迷的数学和物理，也不是大学期间喜欢的一些学科。或许养成良好的学习习惯、强烈的求知欲望是十分重要的，而幼时的兴趣则是可以改变的。当我对病毒学开始做了一些研究，深入这门当时还是新兴的学科中时，我喜欢上了这门基础研究内涵丰富又有巨大实际用途的学科。研究工作确实是非常引人入胜的，渴望得到新的结果成为一件乐事和精神上莫大的安慰。

思维亮点

做什么与不做什么是普通科研人员经常面对的难题。中华人民共和国成立以后，在相当长的一段时间，科研人员的专业、学科方向乃至具体的研究题目，多半是按计划由上级下达后安排的。即使后来，在基础性研究方面建立了基金申请制，如果基金指南过于细化，有时无形中也会诱导人们对号入座，想做什么与不做什么也不是没有难处。当然在某些情况下，思维在感兴趣的科学领域奔驰，也有做自选课题的可能。

20世纪70年代初，全国掀起了一股研究老年慢性支气管炎的风潮，号

召全国各地要"一马当先,万马奔腾"。这股风自然也把全国病毒学界卷了进去,大家都做分离普通感冒病毒的工作。当时,我下放在西北的一个公社卫生院,省里知道我来自病毒研究所,要我去省城工作。当我知道是去做感冒病毒研究时,我不想去,拖了半年,后来由于省里严令报到,1973年我便举家去了省城。在那里工作有一定的基础条件,但我对做这个项目很不理解,认为这不是迫切需要研究的工作。虽然我也明白,这不是一般的科学问题,而是一项政治任务,但良知告诉我,这样为普通感冒病毒搞"群众运动",无异于劳民伤财,"运动"一过,必将偃旗息鼓。当时要求"万马奔腾",其压力是相当大的,领导也一再强调这是政治任务,我真正感到"不想做什么"比"想做什么"更难。虽然如此,我还是坚持己见,一再向领导说明:普通感冒病毒全国各地都已经在做了,病毒性肝炎在我国十分严重,研究肝炎病毒是更需要的工作。坚持一段时间以后,单位领导看我实在不愿研究普通感冒病毒,无可奈何,便同意我做肝炎病毒研究,但不给人,当然也无财力上的支持。一个人哪能办得成这件大事呢?我知难而退了。此后,我又一头钻进了图书馆。下放后,我已多年看不到专业文献,来省城后,我的住所附近有个规模较大的图书馆,我有机会复习了多年的病毒学文献,并产生了一个念头。念头来源于当时对病毒RNA复制式的认识,我的奇想是:这种复制式可能持久存在于体内某些细胞中,特别是淋巴细胞及其他血细胞内,它可能与某些病毒感染后的特殊表现和免疫有关。在当时条件很简陋的情况下我竟然也做了一些研究,想从感染病毒很长时间后(以年计)的动物淋巴细胞中,分离这些可能存在的病毒痕迹。但好景不长,我被说成是在做"黑题目",因此被迫中断了此项研究。现在,大家都明白了淋巴细胞在许多病毒(如艾滋病病毒)的繁殖与发病中的重要作用，有的起着靶细胞的作用。

  1978年，我从西北调到浙江，在浙江省医学科学院工作。单位原来没有病毒学研究的基础，也没有传统的病毒研究任务，这使我有较大的自由度来确定研究方向与课题。当时国内病毒学热门的研究课题是肿瘤病毒、干扰素和"澳抗"等，这些也是国际上的热门。干扰素是我1960年的研究课题，按说是轻车熟路。也有人劝我做肿瘤病毒研究，认为这才是有水平的表现。当时，做甲肝病毒研究在国内外都不被重视，远不是热点。但是，在立题前，我花了半年时间在浙江农村做病毒病的调查，发现甲肝流行十分严重，居传染病首位。我见到过一家五口同时发病的情况，农民深受其害。大约半年时间农村调查的耳闻目睹，深深地触动了我，我产生了研究甲型肝炎病毒并发展疫苗的激情。经过此后12年的集体努力，我们终于培育出甲肝活疫苗毒种，生产出安全有效的甲肝活疫苗，使甲肝的发病率大幅度下降，中国从此开始摆脱了甲肝严重流行的局面。甲肝活疫苗研制的成功，首先与立题有关。这一立题来源于国情，来源于人民迫切的需要，丝毫没有追风逐潮之意。甲肝病毒研究中另一个值得一提的成果是成功地预测了一次甲肝暴发流行。这是从一项很普通的观察开始的，我们在监测某地人群甲肝抗体水平变化的研究中发现，人群抗体水平明显下降，这本来是一项很平常的调查结果，却引起了我深深的思考，思考它的好与坏。当时整个中国范围内的大环境并未改观，甚至环境污染有日益严重的趋势，尤其是水环境严重失控的现象引起我们的焦虑，这有可能导致甲肝病毒大面积在江、河、湖泊及海涂散布。为此，我写了一篇文章，对我国甲肝流行的严重威胁作了如下描述："可以预料，随着城乡人民卫生条件的进一步改善，人群中儿童及青年甲肝的感染率将会明显下降。这既是一

个好现象,也是一个值得警惕的问题。因为除非能用疫苗给这部分人以免疫保护,否则,随着环境的改变,或者一旦有意外的传染发生,如由带甲肝病毒的泥蚶所引入,由于大量易感人群的存在,将会引起大规模的甲肝流行,而成年人患甲肝时的临床反应比儿童受感染更严重。"文章发表于1987年5月出版的《中华传染病杂志》。半年后,一次空前的甲肝大流行在上海暴发,集中发病约32万人,由一次大量人群食用带甲肝病毒的毛蚶而传染引发,其中83.5%为成年人。在流行规模、海涂污染、贝壳类传媒及发病人群等方面都与我们的预测基本一致,这是一种不幸。《科技日报》专门为此发表题为《从甲肝流行看要重视专家意见》的评论。科研人员对重大自然现象的预测历来是个重要而十分有兴趣的问题,这当中有成功也有失败。把局部现象放在大环境中来考虑,可能是重要的。

与本题有关的另一个值得一提的经历是从1960年开始研究干扰素后,随着研究的深入,我感到如果要使干扰素最终能用于临床疾病的治疗,用病毒-细胞系统是难以产生高浓度干扰素的,这样就产生了走生物化学工程的念头。为此,我放弃了细胞水平的研究工作,到中国医学科学院基础医学所生物化学系进修生物化学,并在北京师范大学听物理化学课。当时的生物化学系有些工作已处于国际前沿水平,指导我工作的是著名的酶学专家李士谔教授。当时,有一位美籍华裔学者在美国国家科学院院刊(*PNAS*)上发表了几篇论文,报道说他用分离出的RNA(认为是mRNA)在多种细胞中诱导了多种酶的生物合成,甚至血清蛋白的生物合成,在国际上引起了轰动。我去生物化学系之后,从事的就是类似的工作,用的是大鼠肝中色氨酸吡咯酶RNA(认为是mRNA)-艾氏腹水瘤细胞系统。工作进行了多时,重复了多次,结果与那位华裔教授的不同,这种被认为

mRNA的提取物并不能诱导酶的产生。重复多次，思之再三，认为这是一个误区，建议停止，李先生也同意。事实上，当时对mRNA性质的认识是很肤浅的，在当时的技术条件下是难以得出那位华裔学者所发表的结论的。这一经验使我认识到，虽然大胆设想很重要，也很诱人，但同样重要的是严谨的求证。这件事同时告诉我要判定一个科学上的误区也是十分重要的，这也是一个"不做什么"的问题。此后，我一头钻进了协和医院图书馆，根据所阅读的158篇论文，写了一篇题为《病毒感染细胞的机理》的文章，在杂志上发表。这篇文章触及一个当时前沿研究的苗头。当时Temin教授发表了一篇研究简报，他将劳氏肉瘤病毒（RNA致家禽肿瘤病毒），接种到艾氏腹水瘤细胞，病毒感染后，发现有少量的病毒特异的DNA，他认为这是前病毒（Provirus），这一结果使我十分兴奋。思之再三，我觉得这可能是具有普遍遗传学意义的重大苗头，莫非"遗传信息有可能从RNA传给DNA"？这对当时的"中心法则"是一大冲击。由于接着而来的是"文化大革命"，对于这一重大问题的兴趣自然也就无法顾及了。直到20世纪70年代初，一个偶然的机会得知Temin等人在20世纪60年代末证实了RNA逆转录酶的存在，为分子生物学的到来打下了基础，这时，长期存于我脑海中的一个问号才变成了句号。

40余年来，我一直在科研单位工作，从事着病毒学和我国某些重要病毒病的研究工作，一个主要目标是研究从根本上防治病毒病的对策。如果说有些微成绩，对有些病毒病的控制尽了绵薄之力，这是由于平生尚勤勉。勤于求知，勤于从别人创造的知识中汲取营养；勤于思考，在一段时间内只思索一个问题，使之深入再深入，从而创造出自己的认识，这叫作"温故而知新"。事实上，想过的比做过的更多一些。喜欢在科学领域内幻

想,可能是许多科研人员的习惯。幻想会产生激情,激情是科研的动力之一。

[摘自《院士思维(卷三)》,卢嘉锡主编.合肥:安徽教育出版社,2001.本文作者:毛江森]

讲话与题词

在杭州高级中学"毛江森奖教基金"成立会上的讲话

(2008年9月10日)

缪校长、各位校领导、各位老师、各位嘉宾、媒体的朋友们:

大家好!

今天是教师们的节日,我谨向杭高的教师们致敬。非常高兴,杭高把建立奖教基金一事放在今天举行,这是很有意义的。大家知道,浙江省委、省政府给了我一个大奖——2007年度浙江省科学技术重大贡献奖,对我从事病毒学研究50年来在病毒学和疾病控制方面做的工作进行鼓励,我深表感激。其实,工作是研究所大家做的,产业化工作政府起了主导的作用,荣誉应归于浙江省医科院。

至于这笔50万元的奖金,我和我夫人张淑雅医师决定捐赠给我的母校省立杭高,认为这是发挥这笔钱的最佳用处。

我出生在浙江西部山区一个农村的农民家庭,没有有利的背景,也没有靠山,命中注定是当农民的料。今天,能站在科学技术的前沿为国家服务,并做出了一点贡献,这突显出教育的神圣力量和公正。我要感谢江山的基础教育,感谢杭高、国立上海医学院、中国医学科学院,以及我进修过的大学——中国协和医科大学、北京师范大学、美国国家卫生研究院,感谢这些学习、工作和进修的地方。能在这些国内外名校名院学习和工作

是我的荣幸。

高中阶段的教育对一个年青学子来说是非常重要的。我有幸能在杭高受到高质量的高中阶段教育，老师们为人师表的教育使我们立志走奉献之路，热爱祖国、服务人民、崇尚科学、诚实为人。高质量的知识传授使我能在1951年以同等学力考入国立上海医学院，这是当时国内最好的医学院。当时杭高教过我们的老师大多已驾鹤西去，但他们的教子之情、师表之风，我永远铭记在心。

他们是：沈廷华先生、潘学诚先生、韩葆玄先生、

倪桢棠先生、俞易晋先生、徐葆炎先生，等等，

还有当时的校长裘颂兰先生。

回想年青时，每当站在十字路口，迷茫不知所措时，指点迷津的多半是老师，是老师们的教导。

我们都知道，一个学校办得好不好，关键在老师。杭高好在有一批著名的老师，他（她）们精于教学、人格高尚、爱护学生、为人师表，名师出名校。正是基于这一理念，我们倡导建立这个基金。学校已聘任了一个非常好的、令人振奋的评委班子，希望能有助于继承和发扬杭高的精神。基金额度在起始阶段虽然还很微薄，但我们会坚持和不断壮大它。

我们相信杭高老师一定会继承优良传统、教书育人、人才辈出。

祝母校杭高繁荣昌盛！

祝老师们身体健康！

印度合作讲话

（2012年10月24日）

尊敬的印度同道们、朋友们：

大家好！

我十分高兴能有机会同印度的同行们共同研讨如何用疫苗控制印度的甲肝流行问题。

因为这既是中国的严重问题，也是印度所面临的严重问题。

大家都知道，不管是经济发展水平、人口、气候条件，还是卫生环境，两国都十分相似，都处在临近甲肝的发生期，都曾经发生过甲肝大流行的事例。所幸的是，中国由于近14年来大规模地使用甲肝活疫苗，甲肝发病率已大幅度地下降，流行基本已被控制。这就使我产生了一个念头、一个想法、一个梦想，那就是：用中国的活疫苗控制印度的甲肝，在印度也可以达到这个目标。

这个念头始于1993年。

当时，我受中华人民共和国政府的委托，接受印度政府生物技术部的邀请，访问印度，与由Talwar教授为代表的印度科学家代表团进行中印在生物医药方面的合作会谈，双方达成了很多共识：

——中印科学家应携手合作，在疾病控制领域，西方国家的专利屏障特别不利于欠发达国家，我们应当携手合作。

——我们本着携手合作、互相支持、互道有无的态度,谈了一些优先项目,如肝炎(甲型、乙型)疫苗。

中国方面表示对印度的乳香、摩拉水牛等有兴趣,对Talwar教授的计划生育研究有兴趣。印方表示对中国的肝炎疫苗、人参、银杏等有兴趣。这是中印双方在该领域的第一次十分友好合作的开端。

我很高兴,今天,在甲肝疫苗的合作方面已经取得了实质性的结果。

关于中国的甲肝活疫苗,印度药管、药检部门已经做了3年多的评估、检验。Wockhardt公司的Sinobie博士已做了十分完美的人体试验,取得完美结果。我们的Dr.庄已较详细地总结了在中国使用14年达1亿多人份的结果和经验。

我只是要强调,在所有病毒疫苗当中,甲肝活疫苗是最安全有效的疫苗之一。中国的甲肝活疫苗的研发始于1978年,是国家级的重大科研项目。经过了10年的基础研究,培育出安全有效、基因十分稳定的活疫苗毒种。又经过了4年的工艺研究,成功地生产出经过纯化的疫苗,并且采用了迄今最安全的细胞——人二倍体细胞来制备疫苗。所以,它是基因稳定的、用最安全的人二倍体细胞生产的、经过纯化的疫苗,是当今最理想的疫苗。因为它是活疫苗,所以能诱导完善的细胞免疫,这种疫苗在中国从第一次人体接种至今已有30年,接种1亿2千余万人份,获得了安全、有效、价廉的美誉。

我希望,并相信,其在印度也会获得这一美誉,在控制印度甲肝流行中能为印度人民带来福祉。

谢谢各位医师们、同行们,让我们携起手来,为在印度消除甲肝而努力。

在杭高百年华诞庆典上的讲话

（1999年5月14日）

尊敬的老师们、来宾们，亲爱的同学们：

今天我们欢聚在一起，热烈庆祝杭州高级中学100周年华诞。我代表所有杭高校友在这具有历史意义的盛大庆典上向母校表示热烈的祝贺。

我校诞生于中华民族受西方列强侵略、国土受宰割、人民受压迫的清朝腐朽统治的末年，诞生于民族处于生死存亡的危急关头，所以，我校的诞生，一开始就肩负着民族觉醒、科教救国、挽救国家于危难的重任。

一个世纪以来，我校不负民族的重托。历史上，浙江最早的宣传社会主义思想的《浙江新潮》诞生于此，震惊全国的"一师风潮"爆发于此，陈望道先生翻译我国第一部《共产党宣言》中文全译本的初衷亦萌发于此。百年来，杭高成了为祖国培育英才苗子的摇篮，这些英才苗子成长为一代又一代的建设祖国的骨干，为革命献身的英雄，著名的学者、科学家，出色的领导人，在我国的近现代史中闪烁着光芒。杭高桃李满天下，荣誉满人间。

杭高历来名师荟萃、师德高尚，学生学习勤奋、作风纯朴，杭高的学生都有"蓬生麻中，不扶自直"之感。我们中的多数人是在杭高求学时立下志愿的，那就是一辈子服务于祖国和人民，一辈子为中华民族的富强而奋斗，一辈子为科教兴国而努力。如果说我们后来在这方面稍有成绩，在学术上稍有建树，则要归功于杭高老师们的基础教育和人格影响，杭高的

教育使我们一辈子受益匪浅。我们为能在杭高求学而深感庆幸和骄傲，我们对母校的教育之恩一辈子铭记在心，在我们事业有成时感激她，在我们遭受挫折时也感念她。在此，我要代表校友发自内心地高呼：杭高是我们的母亲，我向她深深地鞠躬，以感谢昔日的培育之恩。

同学们，虽然一个世纪以来，我们的祖国已发生了翻天覆地的变化，特别是近20年来，我们的综合国力已大大提升，中国人民真正地站起来了，但是，实现建设现代化工业强国的目标依然任重而道远。在世纪之交，你们将是新世纪国家的栋梁，建设伟大祖国的接力棒即将传到你们的手中。我们相信，你们一定会继承杭高的光荣传统和优良校风，立下志愿，努力学习，练好本领，百折不挠地为我们伟大祖国的现代化事业、为科教兴国、为中华民族灿烂的未来而努力奋斗。

在普康－上医大"优秀教师基金会"成立时的讲话

（1997年）

姚校长、彭副校长、基金会各位会员、各位领导、新闻界的朋友们：

首先，我要感谢姚泰校长、彭裕文副校长及上医大的所有领导，感谢你们能接受我们的这一点薄礼，同时，也要感谢张镜如、汤钊猷前校长，曾毅院士及朱世能、闻玉梅教授，感谢他们能在百忙之中参加基金会并给以支持。

其次，我也要感谢浙江省医学科学院普康公司的广大研究人员、生产人员、管理人员，谢谢他们对我倡议建立这一基金会的支持。这点基金，虽然数额不大，但也是普康公司广大科研人员、生产人员辛勤劳动的成果，是他们对上医大崇敬心情的表现，是对上医大教师敬仰的表现，是大家的一片心意。

上海医科大学是一所在国内外医药卫生保健领域享有崇高声誉的大学。它对我国人民健康所做的贡献是不可估量的。它的爱国主义精神、勤奋学习和求实精神、在学术上精益求精的精神和全心全意为人民健康服务的精神，曾经教育了一代又一代的青年学子，将自己的一生贡献给祖国医药卫生建设和治病救人的伟大事业。

我有幸在1951年以同等学力考进了当时的国立上海医学院，深感荣

幸，一生受益匪浅。

上医大是一位伟大的母亲，我们这些上医大的毕业生如果有什么成就的话，都是与她的教育分不开的。

上医大之所以能培育出一代又一代既有奉献精神又具有现代医学知识和技能的有用人才，一个重要的原因是其有一批好老师，一代接一代的好老师。他们爱祖国、爱教职、爱学校、爱学生，拥有职业道德和高尚人格，学术造诣深厚。一个学校能否办好，教师是关键。这就是为什么我们建议设立教师基金，也就是说是为了表达我们对这一职业和教师们的崇敬之情。

我希望这仅仅是个开始，如果一切进展顺利的话，特别是这一基金能得到爱护的话，我希望以后能逐年加强基金的力度。

最后我希望能得到上医大教师们的支持。

祝教师们身体健康，祝上医大繁荣昌盛。

在救灾（汶川8.0级大地震）捐献会上的讲话

（2008年5月15日）

四川汶川8.0级大地震使我们的同胞、国家、民族遭受空前的灾难。8.0级意味着什么，我是有切身感受的。1976年唐山大地震我曾在地震后的第六天以救灾医疗队员的身份参加救灾，8.0级的地震所带来的灾难，意味着千千万万的死亡，千千万万的孤儿，千千万万破碎的家庭。我记忆犹新，我身上还带有救灾时的伤痕。现在新的灾难当头，我们一定要更加紧密地团结在党和政府的周围，团结奋战。

灾难面前，我们一定要响应党和政府的号召，本着一方有难，八方支援，本着先天下之忧而忧的美德，发扬最大的同情心，支援灾区人民。为此，我们普康公司、病毒所职工160余人克服自己的困难，踊跃捐献，公司捐出100万元，职工捐出10万余元，支援灾区人民。这次大地震波及面特别广，甘肃陇南康县也是重灾区之一。康县是我全家在"文化大革命"时期下放数年的地方，康县人民给了我们全家很大的支持和鼓励。那里山大沟深，生存条件十分严酷，是个贫困县，现在又遭受了大地震的打击，我心中十分挂念。民政部副部长带队在抢救，我希望我个人捐助的5万元能寄给康县人民。

灾难面前，我们普康公司一定会更加勤奋，更具创造性地工作，生产

出更多更好的疫苗。普康公司是一家以生产疫苗，特别是甲肝疫苗为主产业的研发公司，我们的目标是控制和消灭疾病给人民带来的灾难。疾病也是一种灾难，就像1988年甲肝在上海大流行一样。我们公司的任务就是防控疾病带来的灾难，我们全院各所的研究也是以防控疾病为目标，我们一定会倍加努力。

这次灾难虽然极大，但我们有以胡锦涛同志为首的中央领导，温总理亲自在现场指挥，我们充满必胜的信念。我们一定会有一个更加美好、更加灿烂、更加强大的明天。

祈望灾区人民能尽快渡过难关。

在浙江省医学科学院五十华诞上的讲话

（2000年4月19日）

各位领导、各位嘉宾、同志们、朋友们：

今天，我们欢聚在一起，喜庆浙江省医学科学院五十华诞，值此，我谨代表全院同仁并以我个人的名义向前来参加庆祝活动的各位领导、来宾和朋友们致以亲切的问候，对各位的到来表示最热烈的欢迎！

跨入新千年，浙江省医学科学院已走过了半个世纪的发展历程。忆往昔峥嵘岁月稠。50年前，炮火和硝烟刚刚散去，新生的人民政府就已经把早日解除群众的病痛疾苦提上议程。1950年1月，在省人民政府主席谭震林同志的直接关怀下，热带病研究所成立，原址在杭州孩儿巷，同年2月更名为浙江卫生实验院，由洪式闾教授任院长，成为我国建立较早的医药卫生科研机构。1960年2月，浙江卫生实验院与浙江医学院等单位合并，称为浙江医科大学和浙江医学科学院；1963年9月又与浙医大分立，恢复原名；1987年9月，省人民政府定名为浙江省医学科学院。

50载辛勤耕耘，50年创业建设，我院的科研实力和整体规模与创建初期已不可同日而语。当时，全院仅有寄生虫学、流行病学、卫生教育3个研究组，10多间实验室，17名研究人员；而今，我们已是拥有药物、病毒病、生物工程、寄生虫病、卫生学、计划生育、保健食品、医学情报、实验动物9个研究所（中心），40多个研究室，近600名职工的省内最大的多学科、综合性的医药卫生科研机构，同时建有世界卫生组织（WHO）蠕虫病研究合作中心和WHO人类生殖研究合作中心、中国预防医学科学院浙江合作中心、国家甲肝活疫苗毒种工业性试验基地、国家药品临床研究基地、国家新药安全评价研究重点实验室及浙江省实验动物与安全性评价重点实验室等研究基地，还兴办了普康生物技术有限公司、制药厂等6家经济实体。人才优势也日益显现。在现有的115名高级专业技术人员中，有院士2名，有10人分别担任国家及部委的各类专家委员会委员，有3人被评为国家级有突出贡献中青年科技专家，30多人享受政府特殊津贴。我院已与美、日、欧共体等30多个国家、地区和组织的科研机构建立了联系，国际间的科技合作和学术交流更趋活跃。

50年来，我院几代科技工作者，追求真理，崇尚科学，发扬创新与服务精神，勤奋工作，刻苦攻关，在防治危害人民健康的重大疾病中取得了很大的业绩。我院首创的"土埋灭螺法"，为消灭血吸虫病做出了重要贡献；甲肝减毒活疫苗的研究开发成功和实现产业化，为控制甲肝严重流行取得了重大突破；计划生育、重要传染病、寄生虫病、职业病等领域的防治研究，都取得了重要成果；负责制定的近20项现行国家卫生标准，为人民的生活和健康提供保障；避孕药物及前列康、卡铂、石杉碱甲等一系列新药的研制成功以及铁皮石斛试管苗繁育技术，显示了我院强大的新药研发实力和丰硕成果；并在生物工程、保健食品、实验动物、医学情报等方面的研究和服务上都进行了卓有成效的工作，全院每年承担国家和地方100多项科研项目，有的研究领域已跻身国内外先进行列。改革开放以来，我院已获得国家发明奖3项、国家科技进步奖8项以及省部级奖100多项。申请国家专利12项，已授权3项，为经济建设和社会发展，为人类的健康事业做出了贡献。抚今追昔，我们深感这些成绩的取得，既凝聚着全院职工的智慧和汗水，也离不开各级领导和社会各界长期以来的关心和支持，在此，我们表示崇高的敬意和由衷的感谢！

　　回顾和总结过去，是为了更好地规划未来。50周年院庆是我院发展史上的一个里程碑，也是一个新的起点。在省委、省政府的领导下，按照"一院两制"的目标进一步深化科技体制改革，抓住机遇，迎接挑战，加快发展，以"创新、服务"为院训，进一步增强自主创新和自我发展能力，提高科技服务水平，把浙江省医学科学院建设成为具有较高学术水平、较强科研开发能力和经济实力的国内一流的医药卫生重要科研基地，以崭新的姿态迈向新世纪，再创新辉煌！

在浙江省人民政府宣布设立"浙江省科技咨询委员会"决定上的讲话

(2000年12月15日)

张书记、柴省长、在座的各位同志：

刚才，省委、省政府宣布了设立"浙江省科技咨询委员会"的决定，省委书记张德江同志就此事发表了重要讲话。

作为一名长期在科技领域工作的普通科技人员，我很受鼓舞，并表示，当按照张书记的讲话精神，省委、省政府的部署，努力完成工作。

现在，我代表我组咨询委员们讲几句话。

近十年前，邓小平同志高瞻远瞩地指出"科学技术是第一生产力"，这在中国是历史性的宣言。在经过了近十年的认真宣传和贯彻之后，现在尊重知识、尊重人才、科教兴国、科教兴省、科技兴农、科技兴业、高新技术、人才竞争已蔚然成风，深入人心。科学技术成了综合国力的关键内容之一。可以说，认识到科技的极端重要性是20世纪中华民族觉醒的重要内容之一，必将对我国的兴旺发达、长治久安产生重要而深远的影响。

历史发展到今天，正如省委、省政府所一再指出的，摆在我们面前的是如何进一步强化科技在兴省中的作用。今天，省委、省政府决定组建科技咨询委员会就是一个具体的措施。把我省一部分人才先组织起来，让他们有机会起到参谋作用，介入经济科技决策，并让这种作用制度化，使政府在决策中更多地掌握科技知识，使决策更加民主、更加科学。在某些西方发达国家，虽然他们可能没有主管科技的常设部门，但是科学顾问和科技咨询机构十分健全。

作为一名咨询委员是光荣的，但也是肩负重任。

科技咨询与一般的学术活动不同，它关系到国计民生，它是要受到实际检验和时间考验的；它面对的往往不是单一的学术问题，而是综合性、多学科，乃至不仅属于自然科学领域，还要顾及人文、社会科学的知识；还要学习省情。即使在科技领域，当今世界，科技正以有史以来最快的速度在发展，知识常常是今是而昨非。在这种形势面前，人人都是小学生。这就要求我们要学习，学习，再学习。古人说"学不可以已"，又说"君子博学而日参省乎己，则知明而行无过矣"，意思是说，学习是不能停止的，只有学问渊博、有丰富的知识，做事才不会犯错误。

让我们努力学习、认真工作，发扬科学精神，当好省委、省政府的科技参谋，努力为人民服务。

在设立普康公司上医奖教基金会上的讲话

（2008年2月20日）

今天是母校建校70周年纪念，非常感谢姚校长的邀请，能与大家欢聚一堂，共庆母校辉煌。

"母校"这两个字用来表达我们这些曾在此受教的毕业生的心情是再贴切不过了，正所谓生我者父母，教我者学校。特别是像上海医学院、上海医科大学这样的学校，有很好的医学道德传统、良好的学风、高水平的教学质量，更是值得我们怀念的母校，我们为有机会在此受到教育而感到幸运和骄傲。

刚才，姚校长宣布了，我们建立一笔奖励教师的基金，这笔基金来源于我们成功地研制甲肝活疫苗从而控制了我国甲肝流行的收入。这虽然是以社会效益为主的，但也有一定的经济收入。设立这笔基金是"取之于民，用之于民"，把钱用在奖励母校是最值得、最应该、最愉快的。我十分感激姚校长能接受我们这一份薄礼。钱虽不多，但愿能表达对母校的热爱之情。

我希望这笔钱能用于奖励：

（1）在教学育人岗位上做出突出成绩的教师。

（2）有高尚的人格、良好的医德，并对年青一代有很大影响的教师。

（3）在促进医学科学技术进步上有贡献的教师。

过去，在我们求学于此时，上医的教师传授给我们的高尚的道德风范、精益求精的医学科学技术，使我们一辈子受益。这些恩情是如此之重，报答不尽。所以，不论您现在社会地位有多高，也不论您现在成绩有多大，在母校面前，我们总应该怀着崇敬的心情，对母校说声：感谢您，母校！同时，我们只能以自己勤恳和有智的工作，在自己的岗位上好好为人民服务，以此来报答。

最后，再次感谢姚校长让我在此说点心里话。

祝大家健康愉快！

祝母校事业常青！

给浙江省医学科学院院训题词

创新
服务

毛江森
二〇〇一年九月

为中山大学《医学信息荟萃》杂志题词

"仕而优则学
学然后知不足"

毛江森
3/12, 2014

附 录：毛江森主要论文目录

1. 毛江森，沐桂藩，王政，龚春梅，顾方舟.脊髓灰白质炎减毒活疫苗（Sabin氏减毒株）在小儿肠道内的繁殖动态.脊髓灰白质炎活疫苗研究资料汇编，1961：101.

2. 顾方舟，毛江森，李雪东，王见南，刘宗芳，王敏超.国产脊髓灰白质炎口服活疫苗的病毒学、血清学及流行病学的一些研究资料.中华医学杂志，1962，48（5）：312-315.

3. 毛江森，刘宗芳，阚履箴，王见南，顾方舟.小儿口服脊髓灰白质炎单价活疫苗（Sabin氏减毒株）的免疫学效果.Ⅰ.血清学反应.中华医学杂志，1962，48（7）：411-414.

4. 毛江森，沐桂藩，王政，龚春梅，顾方舟.小儿口服脊髓灰白质炎单价活疫苗（Sabin氏减毒株）的免疫学效果.Ⅱ.活疫苗病毒在小儿肠道内的繁殖动态.中华医学杂志，1962，48（7）：414-417.

5. 毛江森，孙白英，刘金莲.一株人胚肾传代细胞（MERN株）的生长和对肠道病毒的敏感性.微生物学报，1963，9（1）：42-47.

6. 顾方舟，毛江森，沐桂藩. Coxsackie 病毒对脊髓灰质炎活疫苗病毒在小儿肠道内繁殖的影响. 中华医学杂志，1963，49（2）：86-88.

7. 毛江森，顾方舟. 重水（D_2O）对脊髓灰白质炎减毒株及有毒株在组织培养中繁殖的影响. 微生物学报，1963，9（1）：65-69.

8. 毛江森，黄祯祥. 流行性乙型脑炎病毒皮下感染小白鼠后脑组织中抑制物质的初步观察. 微生物学报，1963，9（3）：247-252.

9. 毛江森，杭长寿，黄祯祥. 流行性乙型脑炎病毒-鸡胚单层细胞系统中干扰素的产生动态. 微生物学报，1964，10（3）：339-343.

10. 毛江森. 病毒感染细胞的机理. 国外医学动态，1965，6：1-11.

11. 毛江森，黄祯祥. Studies on the enhancement of virus titre of Japanese B encephalitis virus propagated in chick embryo cells by D_2O and its possible mechanism. Scientia Sinica，1965，14（6）：885-890.

12. 毛江森，黄祯祥. 流行性乙型脑炎病毒感染性核酸（RNA）感染鸡胚细胞干扰素产生的动态. 微生物学报，1965，11（3）：326-329.

13. 毛江森，黄祯祥. 重水（D_2O）对流行性乙型脑炎病毒在鸡胚细胞繁殖的作用及其机制的研究. 微生物学报，1966，12（1）：24-28.

14. 毛江森，黄祯祥，杭长寿.温度和pH对流行性乙型脑炎病毒-鸡胚细胞系统干扰素的产生和病毒繁殖的影响.微生物学报，1966，12（2）：152-157.

15. 黄祯祥，毛江森，贾秉义.福尔马林处理的麻疹活疫苗.流行病防治研究，1978，2：99-103.

16. 毛江森，余佩华，黄柏章，陈念良，郁俊豪.从病人粪便中分离的甲型肝炎病毒抗原.微生物学报，1980，20（2）：222-224.

17. 毛江森，余佩华，丁占初，陈念良，黄柏章，谢汝瑛，柴少爱. Patterns of shedding of hepatitis A virus antigen in feces and of anti-body responses in patients with naturally acquired type A hepatitis. The Journal of Infectious Diseases，1980，142（5）：654-659.

18. 毛江森，经文采，丁占初，陈念良，黄柏章，余佩华，柴少爱，谢汝瑛，郁俊豪，王守仁.甲型肝炎患者粪便中排甲型肝炎病毒抗原动态的放射免疫研究.浙江医学，1980，2（1）：8-13.

19. 谢汝瑛，毛江森.甲型肝炎血清学诊断的研究——巯基乙醇对甲型肝炎补体结合抗体的影响.浙江医学，1980，2（1）：1-4.

20. 毛江森，郭杏英，黄海鹰，余佩华，黄柏章，丁占初，陈念良，郁俊豪，谢汝瑛.甲型肝炎病毒实验感染猕猴的研究.中国科学，1981，24（6）：765-772.

21. 黄柏章，毛江森.甲型肝炎病毒抗原的纯化和浮密度.科学通报，1981，26（1）：57-60.

22. 毛江森，郭杏英，黄海鹰，余佩华，黄柏章，丁占初，陈念良，郁俊豪，谢汝瑛. Susceptibility of monkeys to human hepatitis A virus. The Journal of Infectious Diseases，1981，144（1）：55-60.

23. 毛江森，郭杏英，黄海鹰，余佩华，黄柏章，丁占初，陈念良，郁俊豪，谢汝瑛. Studies on the transmission of human hepatitis A virus to stump-tailed monkey. Science in China Ser A，1981，24（11）：1590-1596.

24. 毛江森.甲型肝炎病毒分离与培养.中国实用内科杂志，1981，1（4）：3-4.

25. 郭杏英，毛江森，余佩华，黄海鹰，丁占初，陈念良，黄柏章，谢汝瑛，刘雪莉.甲型肝炎病毒实验感染猕猴的研究——恒河猴对甲型肝炎病毒的易感性.中华微生物学和免疫学杂志，1981，1（2）：84-90.

26. 余佩华，毛江森.补体结合试验和免疫黏附血凝试验应用于甲型肝炎的血清学检测.浙江医学，1981，3（2）：44-47.

27. 郁俊豪，丁宗武，黄柏章，毛江森.应用酶联金葡萄A蛋白的ELISA方法检测甲型肝炎抗体的初步研究.浙江医学，1982，4（1）：45-48.

28. 毛江森，谢汝瑛，黄柏章，陈念良，余佩华，丁占初.甲型肝炎病毒在一株传代细胞（MERN株）中的增殖.微生物学报，1984，24（1）：86-91.

29. 毛子旭，柴少爱，杨能宇，毛江森.甲型肝炎病毒在细胞中的电子显微镜观察.科学通报，1986，31（20）：1591-1593.

30. 杨能宇，余佩华，毛子旭，陈念良，毛江森.甲型肝炎病毒的隐性感染.中华医学杂志，1986，66（9）：528-530.

31. 余佩华，钮泽南，陈念良，柴少爱，刘妙钦，毛江森.高敏感性及特异性的甲型肝炎IgM抗体诊断药盒.浙江医学，1986，8（4）：13-14.

32. 毛子旭，柴少爱，杨能宇，毛江森. Observation of hepatitis A virus in cell culture by thin section electron microscope. Chinese Science Bulletin，1987，32（19）：1356.

33. 毛江森，曹逸云，董德祥，谢汝瑛，练幼辉，黄海鹰，邹永健，柴少爱，梁悟生，陈念良，李华，余佩华，陈统球，汪岫芝，刘春江.甲型肝炎减毒活疫苗的研究——Ⅰ.不同毒力毒株的猴体试验.中国科学B辑，1987，17（6）：625-630.

34. 毛江森，陈念良，余佩华，周朗生，杨能宇，顾卯观，毛子旭.杭州地区部分人群甲型肝炎抗体的调查.中华传染病杂志，1987，5（2）：51-53.

35. 毛子旭，柴少爱，毛江森，陈念良，余佩华，黄海鹰，杨能宇，谢汝瑛.甲型肝炎病毒衣壳蛋白SDS-PAGE免疫分析.病毒学报，1987，3（1）：13-17.

36. 郭杏英，黄海鹰，余佩华，余哲，毛江森.甲型肝炎病毒在恒河猴中连续传代的实验观察.中华流行病学杂志，1987，8（5）：301-304.

37. 陈念良，余佩华，毛江森，钮泽南，黄海鹰，郭杏英，毛子旭，杨能宇.甲型肝炎病毒抗体检测试剂盒.浙江医学，1987，9（5）：264-265.

38. 黄海鹰，陈念良，毛江森，汪岫芝，余佩华，余哲，阎小卫，柴少爱，张杭春，程景春，钮泽南.甲型肝炎减毒株不同途径接种猴体的结果.中华医学杂志，1988，68（10）：588-589.

39. 毛江森，曹逸云，董德祥，谢汝瑛，练幼辉，黄海鹰，邹永健，柴少爱，梁悟生，陈念良，李华，余佩华，陈统球，汪岫芝，刘春江. Studies in monkeys of attenuated hepatitis A variants. 中国科学 B 辑，1988，31（3）：338-343.

40. 杨能宇，余佩华，毛子旭，陈念良，柴少爱，毛江森. Inapparent infection of hepatitis A virus. Am. J. Epidemiol. ，1988，127（3）：599-604.

41. 毛江森，董德祥，张华远，陈念良，张淑雅，黄海鹰，谢汝瑛，周德久，万宗举，汪岫芝，胡宗汉，曹逸云. Primary study of attenuated live hepatitis A vaccine （H_2 strain） in humans. J. Inf. Dis. ，1989，159（4）：621-624.

42. 董德祥，毛江森，陈统球，练幼辉，陈念良，李靖，柴少爱，李华，任丽萍，黄海鹰，谢汝瑛，阳选祥，余哲，余佩华，曹逸云. 甲型肝炎减毒活疫苗的研究——Ⅱ. 实验性疫苗的研制. 中国医学科学院学报，1989，11（1）：1-6.

43. 柴少爱，张杭春，余佩华，戈铮，毛江森. 甲型肝炎病毒 H_2 减毒株的某些生物学性质. 病毒学报，1989，5（1）：95-98.

44. Mao J. S. , Dong D. X. , Chen N. L. , Zhang H. Y. , Zhang S.

Y., Huang H. Y., Chai S. A., Xie R. Y., Zhou T. J., Cao Y. Y.. Attenuated live hepatitis A vaccine (H$_2$ strain) in humans. Pathogenesis & Control of Viral Infections, 1989, 59: 321-326.

45. 毛江森. 甲型病毒性肝炎疫苗研究的进展. 上海医学, 1989, 12 (2): 112-113.

46. 谢汝瑛, 毛江森. 甲型肝炎病原学的研究. 浙江医学, 1989, 11 (1): 24-25.

47. Mao J. S., Cao Y. Y., Zhang S. Y., Zhang H. Y., Chen N. L., Huang H. Y., Chai S. A., Dong D. X., Lian Y. H.. Further studies of attenuated live hepatitis A vaccine (H$_2$ strain) in humans. In the 1990 international symposium on viral hepatitis and liver disease. Houston, 1990: 52.

48. 毛江森, 陈念良, 黄海鹰, 柴少爱, 谢汝瑛, 张淑雅. 甲型肝炎疫苗研究进展显著. 浙江医学, 1990, 2: 1-2.

49. Mao J. S., Chen N. L., Huang H. Y., et al. Development of live attenuated hepatitis A vaccine (H$_2$ strain). Vaccine, 1990, 8 (6): 523-524.

50. 张淑雅，毛江森，黄海鹰，陈念良，柴少爱，张杭春，余佩华，谢汝瑛，刘春江，等.甲型肝炎减毒活疫苗（H_2减毒株）在人体接种的安全性观察.中华医学杂志，1990，70（12）：682-684.

51. 毛江森，陈念良，黄海鹰，柴少爱，张杭春，谢汝瑛，汪岫芝，阎小卫.甲型肝炎疫苗研究的重大突破.浙江省医学科学院学报，1990，1：2-4.

52. 杨能宇，陈勇，柴少爱，洪艳，毛江森.甲型肝炎病毒减毒株cDNA的分子克隆.科学通报，1991，36（2）：6-9.

53. Yang N. Y.，Chen Y.，Chai S. A.，Hong Y.，Mao J. S.. Molecular cloning of attenuated hepatitis A viral cDNA. Chinese Science Bulletin，1991，36（22）：1916-1920.

54. Mao J. S.. Perspective on hepatitis A vaccine in "Viral Hepatitis in China". Volume editor：Melnick J. L.，Wen Y. M.，Karger S.. New York，1991.

55. Mao J. S.，Dong D. X.，Zhang S. Y.，Zhang H. Y. .Further studies of attenuated live hepatitis A vaccine （H_2 strain） in humans. //F. B. Hollinges. In "Viral Hepatitis and Liver Disease" Section 2. Philadelphia：Lippincott Williams & Wilkins， 1991：110-111.

56. Mao J. S.. Perspective on hepatitis A vaccine. Oncology, 1991, 19: 111-118.

57. 毛江森, 陈念良, 黄海鹰, 柴少爱, 董德祥, 曹逸云, 张华远, 吴冬明, 张淑雅. Development of live attenuated hepatitis A vaccine (H_2 strain). Chinese Medical Journal, 1992, 105 (3): 189-193.

58. 刘春江, 谢汝瑛, 陈念良, 毛江森. 甲型肝炎减毒活疫苗（H_2减毒株）接种后的中和抗体测定. 浙江医学, 1992, 6: 12-13.

59. 陈念良, 柴少爱, 黄海鹰, 毛江森, 张淑雅, 余佩华, 谢汝瑛, 刘春江, 朱小中, 董德祥, 张华远, 吴冬明. 甲型肝炎减毒活疫苗H_2株的免疫效果. 中华医学杂志, 1992, 72 (10): 581-583.

60. 柴少爱, 张杭春, 张淑雅, 陈念良, 黄海鹰, 刘春江, 谢汝瑛, 毛江森. 甲型肝炎病毒H_2减毒株的某些遗传特征. 中华医学杂志, 1993, 73 (6): 335-337.

61. 陈勇, 杨能宇, 洪艳, 倪崖, 罗永能, 柴少爱, 毛江森. 甲型肝炎病毒活疫苗H_2减毒株全基因文库的建立. 中华医学杂志, 1996, 76 (5): 342-344.

62. Mao J. S., Chai S. A., Xie R. Y., Chen N. L., Bao X. N., Liu C.

J., Zhu X. Z., Zhang S. Y., Huang H. Y., Mao H. W., Liu C. J.. Further evaluation of the safety and protective efficacy of live attenuated hepatitis A vaccine （H_2 strain） in humans. Vaccine, 1997, 15（9）: 944-947.

63. 忻亚娟，庄昉成，毛江森.中国的甲型肝炎流行及控制.中国公共卫生, 1998, 14（10）: 579-580.

64. 陈勇，洪艳，杨连华，倪崖，陈念良，凌志强，俞为群，毛江森.中国五省市甲型肝炎病毒基因分型的研究.病毒学报, 2000, 16（4）: 309-312.

65. 庄昉成，钱汶，忻亚娟，李丽，姜器，陈念良，柴少爱，毛江森.甲肝减毒活疫苗（H_2株）二针法免疫效果观察.浙江预防医学, 2001, 13（3）: 3-4.

66. 庄昉成，姜器，龚岳平，莫世华，忻亚娟，钱汶，陈念良，张淑雅，柴少爱，毛江森.甲型肝炎减毒活疫苗（H_2株）10年流行病学效果观察.中华流行病学杂志, 2001, 22（3）: 188-190.

67. Chen Y., Mao J. S., Hong Y., Yang L. H., Ling Z. Q., Yu W. Q.. Genetic analysis of wild-type hepatitis A virus strains. Chinese Medical Journal, 2001, 114（4）: 422-423.

68. 毛江森.建议将Prion的中文名定为"朊毒".中国病毒学，2001，28（4）：171.

69. 庄昉成，柴少爱，陈念良，万宗举，毛子安，黄世贵，姜器，忻亚娟，钱汶，毛江森.冻干甲型肝炎减毒活疫苗（H$_2$株）的接种与血清学观察.浙江省医学科学院学报，2003，4：8-11.

70. 庄昉成，柴少爱，陈念良，万宗举，毛子安，黄世贵，姜器，忻亚娟，钱汶，毛江森.冻干甲型肝炎减毒活疫苗H$_2$株的安全性和免疫原性研究.中国疫苗和免疫，2003，9（6）：97-99.

71. 毛江森，刘子阳，唐彩华，贺义惠，朱家鸿，王成玉，柴少爱，陈悦青，钱汶.病毒颗粒中氢氘置换的证实.科学通报，2004，49（1）：95-98.

72. 庄昉成，毛江森.中国控制甲型肝炎之前景.中国疫苗和免疫，2004，10（3）：171-173.

73. 毛江森.毛江森院士谈SARS.国外医学：流行病学传染病学分册，2005，32（1）：1-3.

74. 贺义惠，唐彩华，毛江森，刘子阳，黄卫新，毛子安.A method for quantitative determination of deuterium content in biological material. Rapid Communications in Mass Spectrometry，2005，19（6）：838-842.

75. 庄昉成, 钱汶, 毛子安, 龚岳平, 姜器, 姜立民, 陈念良, 柴少爱, 毛江森. Persistent efficacy of live attenuated hepatitis A vaccine (H_2 strain) after a mass vaccination program. Chinese Medical Journal, 2005, 118 (22): 1851-1856.

76. 庄昉成, 杜晋彪, 毛江森. 预防甲型肝炎的疫苗及其比较. 中国疫苗和免疫, 2007, 13 (1): 79-83.

77. Tang C. H., Mao J. S., Chai S. A., et al. Molecular evolution of hepatitis A virus in a human diploid cell line. World Journal of Gastroenterology, 2007, 13 (34): 4630-4635.

78. 曾光, 毛江森. 传染病的生态预防. 国际流行病学传染病学杂志, 2008, 35 (1): 1-3.

79. 忻亚娟, 贺义惠, 庄昉成, 高丽美, 钱汶, 唐彩华, 陈悦青, 柴少爱, 毛江森. 冻干甲型肝炎减毒活疫苗（H_2株）诱导的人体特异性细胞免疫应答. 中国疫苗和免疫, 2008, 14 (3): 246-249.

80. 庄昉成, 毛子安, 姜立民, 吴洁, 陈悦青, 姜器, 陈念良, 柴少爱, 毛江森. 甲型肝炎减毒活疫苗（H_2株）一针接种后免疫保护效果的15年观察. 中华流行病学杂志, 2010, 31 (12): 1332-1335.

81. 高孟，周康凤，罗永能，姜云水，唐彩华，陈科达，高丽美，朱莲，毛子旭，毛江森.肠道病毒71型灭活疫苗滴度的酶联免疫吸附检测方法.国际流行病学传染病学杂志，2011，38（1）：13-16.

82. 唐彩华，周康凤，高丽美，朱莲，毛子旭，毛江森.肠道病毒71疫苗候选株H3-TY的遗传稳定性研究.国际流行病学传染病学杂志，2011，38（4）：219-222.

83. 庄昉成，陈念良，毛子安，钱汶，忻亚娟，陈悦青，鲍心宁，毛江森.甲型肝炎减毒活疫苗（H_2株）使用23年报告.国际流行病学传染病学杂志，2011，38（5）：289-293.

84. 陈念良，毛江森，黄卫新，忻亚娟，陈悦青，毛子安，张锋，钱汶，庄昉成，陈卓，朱莲，沈立军，唐彩华，吴海光，陈军.甲型肝炎减毒活疫苗冷冻干燥保护剂的研究.国际流行病学传染病学杂志，2012，39（2）：73-75.

85. 贺义惠，唐彩华，陈悦青，陈卓，金巧军，张科技，毛江森.基质稀释同位素质谱法测定微量富氘生物样品δD值.国际流行病学传染病学杂志，2012，39（4）：226-229.

86. T. Maniatis.分子克隆实验手册.沈桂芳，毛江森，译.杭州：浙江科学技术出版社，1987.